吴震 孙钦香 著

王阳明的智慧

岳麓書社

目录

前言　阳明学的经典之作《传习录》　　i

一	心即理	001
二	心学格物论	017
三	《大学》之要，诚意而已	043
四	知行合一	053
五	知是心之本体	081
六	乐是心之本体	101
七	气即是性，性即是气	109
八	真己是躯壳的主宰	117
九	良知无所不知，而又本无知	129
十	心之本体，无起无不起	141
十一	良知之"真诚恻怛"	157
十二	良知是造化的精灵	165
十三	致良知	173
十四	本体工夫	187

十五	事上磨炼	195
十六	万物一体	211
十七	善恶只是一物	243
十八	四句教	249
十九	精金喻圣	273
二十	人胸中各有个圣人	283
二十一	颜子没而圣学亡	295
二十二	学贵心得	301

前言

阳明学的经典之作《传习录》

在中国文化的悠久发展历程中，产生了许多传诵不绝的经典作品，如《论语》《孟子》《老子》《庄子》等，《传习录》这部作品便是体现明代大儒王阳明（1472—1529）心学思想（又称阳明学）的经典之作。

《传习录》不仅是阳明学的思想宝库，而且后来逐渐成为儒学史上一部重要的传世经典，其中"心即理""知行合一""致良知""万物一体"等观点不仅是阳明学的智慧结晶、重要理论，而且业已构成儒学传统中最富代表性的内容之一。孟子曾说："颂其诗，读其书，不知其人，可乎？是以论其世也。"因此，为了更好地阅读《传习录》，有必要先了解阳明生平事迹及其主要学术观点。

1　阳明主要生平事迹及思想学说

少年立志：学做圣贤

王阳明，名守仁，字伯安，浙江绍兴府余姚县（今宁波余姚）人，因曾筑室于会稽山阳明洞，自号阳明子，世称阳明先生。成化八年（1472）农历九月三十日出生，初名云，后改为"守仁"。1482年，阳明随祖父一同北上京师，直到16岁，阳明随父亲等家人在北京生活。

阳明来到京师繁华之地，眼界大开，性格更为旷达，喜好侠义，研究兵法，骑马射箭，出入于佛、道、相、卜之间。这些行为自然令父亲颇为担忧，为教化阳明，12岁那年，父亲便为他请来塾师，希望他能收敛身心，专心向学。

iii

生性豪迈、顽皮的阳明喜欢提问题，有一天问私塾老师"何谓人生第一等事"，私塾先生回答"读书登第"，即读书做官是人生第一重要的事。阳明却不以为然，指出"读书学圣贤"才是人生第一等事。可见，在少年阳明的心目中，已然萌发了一个高远的志向，便是成就像圣贤一样伟大的人格。自北宋儒学复兴运动以来，立志成圣是儒者的共同追求，阳明亦不例外。

格竹失败

十五六岁时，阳明开始学习朱熹[1]格物之学，立志格尽天下之物。这是因为按照朱熹的为学路径来做成圣成贤的工夫，就必须首先经过种种学习，即物穷理，格物致知，了解和把握各种各样的知识和事物之理，然后才能一步步成就圣人、君子的伟大人格。

青年阳明便遵循这一为学成圣的工夫路径。有一天，他与一朋友相约，来"格"面前一片竹林，企图获得有关竹子的道理。结果那位朋友格了三天病倒了，阳明格了七天七夜，也以失败告终，而且大病一场，这便是阳明生命历程中著名的"格竹事件"。这一失败导致阳明对"读书学圣贤"萌生灰心之念，他心中始终挥之不去的疑问便是，向外逐物以求其理的实践，果然能解决心与理"判若两截"的情况吗？即使格尽天下之物，与自家身心又有何关联？可以说，阳明在很长时

---

1 朱熹（1130—1200）：字元晦，又字仲晦，号晦庵，晚称晦翁，祖籍徽州府婺源县（今江西省婺源），生于南剑州尤溪（今属福建省尤溪县），是理学集大成者，后世尊称为朱子。

间内为朱子的"格物穷理"说所困扰,"格竹事件"无疑是阳明后来思想转向的直接"导火索"。

直至 1505 年,阳明在北京授徒讲学,昌明"身心之学",由研习诗词文章之学转向追寻圣人之学。同年,阳明与湛若水[1]相识定交,相约一起昌明圣学;徐爱[2]也在这年进京,拜阳明为师,为阳明门下之"颜回"。可见,此时阳明思想趋向已定,这无疑是阳明"龙场悟道"的预伏期。

龙场悟道

1506 年,即正德元年,明武宗初政,然朝政仍在以刘瑾为首的宦官集团手中。南京科道官戴铣(1464—1506)等上疏批评时政,被捕入狱。阳明为维护正义,率先上《乞宥言官去权奸以章圣德疏》,希望朝廷宽宥言官,并建议摈除权奸。结果,阳明也被捕,入锦衣狱。随后在午门外被杖打四十(一说"五十"),并被贬为贵州龙场(今贵州省修文县)驿丞。正是在龙场"万山丛棘""蛇虺魍魉""蛊毒瘴疠"的艰苦环境中,阳明思想上经历了一次大彻大悟,史称"龙场悟道"。

阳明身处环境恶劣的贬谪之地——贵州龙场,思忖圣人如果处在此地会怎么做("圣人处此,更有何道?")这样的灵魂追问。他终于彻底解决困扰他良久的"格物致知"问题,意识到"向之求理于事物

---

1 湛若水(1466—1560):字民泽,又字元明,号甘泉,晚号默翁,学者称甘泉先生,广州府增城县甘泉都(今广州市增城区新塘)人,与阳明为友,创立"甘泉学派"。

2 徐爱(1487—1518):字曰仁,号横山,浙江省余姚马堰人,为阳明早期弟子之一。

者误也",意思是我以前向外面的事物去追求道理,这种做法完全错了;领悟到"圣人之道,吾性自足",这八个字浓缩了阳明无数次的思想苦难及其人生磨炼。他最终悟出了成就理想人格的依据就在于"吾性"(实即"吾心"),而不在于书本知识的追求、积累。可见,"龙场悟道"实质上就是"心即理"。这场彻悟意味着阳明学的正式确立,表明阳明已将问题关注的焦点集中在"内心"这一点上。"心"的问题在其思想中凸显出重要的地位和意义,他从此开创出一个与朱子学不同的思想世界。

"心即理"与"心外无物"

1510年,阳明离开贵州龙场,先到江西吉安庐陵县任知县,随后回京任职。1511年,阳明与湛若水比邻而居,自此与湛若水、黄绾[1]三人常常聚会讲学,切磋学问。

在整个宋明理学史上,"心"与"理"之间的关系是基本哲学问题之一,"心即理"无疑是阳明学的第一命题。1512年,阳明与徐爱乘船从京杭运河回绍兴老家,一路上讨论"格物""知行合一""心即理"等问题。徐爱所录语录距阳明离开龙场约两年,大致反映了阳明在龙场悟道后不久的思想观点。

在这数条语录中,阳明详细阐述了作为道德法则的"理"不存在

---

1 黄绾(约1477—约1551):字宗贤、叔贤,号久庵、石龙,浙江省黄岩县洞黄(今温岭市岙环镇照谷村)人,为阳明好友兼早期弟子。

于道德行为的对象身上，忠、信、仁、孝这些道德原理都存在于行为主体的心中，并由此批评朱子学的理在事物的观点。可以说，阳明面对的直接对话者是徐爱，而隐秘的对话者却是朱子的"即物穷理"说。

阳明晚年在《答顾东桥[1]书》中，更集中表述了"心即理""心外无理"的思想，认为朱子"心与理"说法开启了后世学者分心与理为二的弊病，主张"心与理"在本体意义上的同一性，而不是在工夫论意义上"心与理"可能为"一"。所谓"天地圣人皆是一个，如何二得"的反问，其意便是说明心理原本为一，针对程颐（1033—1107）"在物为理"说，提出"此心在物为理"。

需要说明的是，这里阳明所谓"此心在物为理"之"理"并不是指自然界客观规律意义的"物理"，而是特指人的道德意识所指向的道德活动。也就是说，其所谓的"理"是人间伦常之理，具有实践的、人文的意味，是心之活动所指向的对象。这才是阳明强调"此心在物为理"以及"心即是理"的真实意涵。可见，阳明所说的"心即理"，是一个属于道德哲学领域的命题。从道德行为的角度看，道德原则存在于道德主体身上，而并不存在于外在的对象物身上。

再者，对阳明来说，所谓"心，不是那一团血肉"，也就是说，心不是血肉躯体的那颗心脏之心，也不是只知痛痒的感官知觉之心，而是本体意义上的良心或本心，阳明称之为"真己"。这一"心体"

---

[1] 顾东桥（1476—1545）：名璘，字华玉，号东桥居士，世称"东桥先生"，长洲（今江苏省苏州市）人，寓居上元（今江苏省南京市）。少负才名，工诗，与刘元瑞、徐祯卿并称"江东三才"，与陈沂、王韦、朱应登并称"金陵四大家"。

vii

或"心之本体"意义上的"心"乃是指"知善知恶"的道德知觉,这一点应是阳明心学体系中有关"心"的根本义。

"知行合一"

龙场悟道次年（1509），阳明在贵阳龙岗书院提出其思想历程中第二个著名的命题——"知行合一"。"知行合一"是阳明学的基本命题之一，也是其哲学思想的一项重要理论贡献，与朱子"知先行后"说形成鲜明对照。

徐爱因尚未领会阳明"知行合一之训"，前来请教。按照常识，现实生活中确实存在知而不行的情况，知与行难道不是两件事？阳明首先指出此种情况是已被私欲隔断，不是知行的本体了，此处"本体"是指"本来意义"。所谓"知行本体"，是说知行本来如是的状态，而知行本体的丧失乃是"私欲隔断"的结果。如知道孝顺父母，便是要做孝顺父母的事，才是真知孝顺。之所以说"知行合一"，正是为了对治当时学界流行的一种弊病，即认为必须先做知的功夫，必待真知，然后才去行，于是造成的后果就是不知也不行。

晚年在《答顾东桥书》中，阳明论述了"知行并进"思想，指出"知之真切笃实处即是行，行之明觉精察处即是知"，这两句话是阳明"知行合一"的重要观点，旨在表达：行的过程必须有知的参与，知行是同一个过程的两个方面，从而不可分离。阳明还根据其"致良知"的心学立场，指出"知行合一之功，正所以致其本心之良知"，也就是说，知行合一作为一种工夫实践，其实就是"致其本心之良知"的工夫，因此说"知行合一"乃是"圣门之教"，也就是说"知行合一"才是儒学的真正教义。

后世对阳明"知之真切笃实处即是行""一念发动处便即是行"等说法提出批评，认为是"以知为行"（张岳，1492—1553）、"销行以归知"（王夫之，1619—1692），这些批评固然不无道理，但若说阳明心学忽视"力行"却又非公允。因为在"知行合一"论述中，阳明颇强调"行即是知"，极力反对"知而不行"现象，这反映了其心学思想中的力行主义的特色。总之，"真知力行"是阳明心学的一大特色，在"知行合一"理论中强调道德行为是最终实现道德生活的决定因素。

江西平乱，阐发"致良知"

1516年，阳明受命巡抚南、赣、汀、漳等地。在平叛、安民的同时，阳明仍不忘授徒讲学。1519年，宁王朱宸濠（1476—1521）叛乱，阳明倡议起兵，不久攻克南昌，击败宸濠先后遣来的敌兵，领兵攻九江、南康，擒获宸濠，平定宸濠之乱，创立赫赫大功。

1520年，陈九川[1]来虔州问学，阳明阐发"致良知"学，提出"尔那一点良知，是尔自家底准则"，又说："此'致知'二字，真是个千古圣传之秘。""良知"的概念来自《孟子·尽心上》"人之所不学而能者，其良能也。所不虑而知者，其良知也"。阳明继承并发展孟子

---

1 陈九川（1494—1562）：字惟濬，号明水，江西承宣布政使司抚州府临川县（今江西省抚州市临川区）人，江右王门的代表人物。

这一思想，指出良知为"心之本体"，将孟子的良知观念提升到本体论高度，形成了独特的良知本体论。所谓"良知本体"，是指在阳明思想中"良知"具有形上本体的意义。1521年，阳明致信邹守益[1]，写道："近来信得'致良知'三字，真圣门正法眼藏。"这是说，阳明越来越相信"致良知"真是儒学中的第一要义。

阳明在江西平乱近五年，创下盖世奇功。兵戎岁月，不忘授徒讲学。由阐发"诚意之学"到发明"致良知"学，标志着阳明心学的成熟圆融。特别是平叛后，在阳明的谈话和文字中，充满了对良知的赞叹和发现"致良知"的喜悦，他说："人若知这良知诀窍，随他多少邪思枉念，这里一觉，都自消融，真个是灵丹一粒、点铁成金！"

居越讲学

1521年，阳明回到绍兴。王畿[2]来受学，不久，钱德洪[3]率两位侄子和余姚士子来受学，王、钱为阳明晚年两大重要弟子。

1522年，父亲去世，阳明在家守丧。王艮[4]驾小蒲车北上京师，沿途聚讲，轰动一时。阳明遣人送信命其速归绍兴。有御史上书攻击

---

1 邹守益（1491—1562）：字谦之，号东廓，江西安福县北乡澈源（今江西省安福县连村乡新背老屋里村）人，阳明的高足与良友。
2 王畿（1498—1583）：字汝中，号龙溪，学者称龙溪先生。绍兴府山阴（今浙江省绍兴市）人，为阳明后学"浙中王门"的代表性人物。
3 钱德洪（1496—1574）：名宽，字洪甫，号绪山，在阳明弟子中，与王畿齐名。
4 王艮（1483—1541）：字汝止，号心斋，南直隶泰州安丰场（今江苏省东台市安丰镇）人，是阳明后学"泰州王门"的代表性人物。

阳明"异学",希望禁"叛道不经之书"。"学禁"自此兴起。

1524年,王艮又来绍兴问学,请筑书院,是为阳明书院(前有新建伯祠);南大吉(1487—1541)任绍兴知府,偕弟弟、侄子来受学,修建稽山书院,聘阳明主讲。1525年,王艮偕王襞[1]等子侄一同来绍兴受学。时四方学子来绍兴受学者众多。

阳明居越守丧期间,门人益进,他常常与门人弟子阐述"致良知"等心学思想。

"万物一体"

1525年,顾东桥来信质疑阳明"致良知"学。在回信中,阳明系统阐述了"知行合一""致良知"以及"万物一体"思想。其中,阐述"万物一体"思想的文字即《拔本塞源论》,长两千余字,纵论古今,气势磅礴,痛快淋漓,一气直下,读来令人荡气回肠,感奋不已。

"拔本塞源"原意为拔起树根,塞住水源,比喻防患除害要从根本上着手,在阳明这里,是指揭示如何从根本上拯救人心、重整秩序的道理。"夫圣人之心,以天地万物为一体,其视天下之人,无外内远近",在阳明看来,就心的本来意义而言,每个人与圣人一样,均是以天地万物为一体的。从中可以看出,《拔本塞源论》立论基础是"心体同然"这一心学观念,而且在中国"三代之世"原是万物一体,没有人己之分、物我之别,人人同心一德,彼此犹如一家之亲。可见,

---

[1] 王襞(1511–1587):字宗顺,号东崖,泰州安丰场(今属江苏省东台市)人,有《王东崖先生遗集》传世。

阳明的"万物一体"论既是有关以天地万物为一体的理论建构，同时又是一种社会批判理论。具体而言，"万物一体"论是阳明建构人与社会、人与自然和谐共存的人类共同体这一远大理想的一项重要理论表述。它既是一种哲学观念、价值关怀，也是一种社会理论、实践理论。

出征思田，揭发"四句教"

1527年，广西思恩、田州爆发叛乱。鉴于此前阳明平定匪乱、宸乱的武功韬略，朝廷再次任命阳明出征。

启程前夜，应钱德洪、王畿的请教，在天泉桥，阳明详细阐述了"四句教"思想，即"无善无恶是心之体，有善有恶是意之动，知善知恶是良知，为善去恶是格物"，史称"天泉证道"。"天泉证道"缘起钱德洪与王畿的争辩，后者认为四句教只是"权法"，所谓"权法"是指这是阳明针对一时一地的权宜性教法；而前者则坚持认为其为"定本"，所谓"定本"，是指这是老师的最终的定论性说法。而就阳明自己而言，他指出四句教乃是即无即有、即上即下、即顿即渐的"彻上彻下"之本体工夫论系统，不能放弃其中的任何一个环节，所以一再强调这是他的"四句宗旨"，不可更改，并告诫王畿，就本体上"一悟尽透"的方法，就连颜渊和程颢这样聪明绝顶的人都不敢自许，故绝不可轻易示人，否则有可能导致悬空揣摩本体的严重弊端。

阳明出发经过严滩，钱德洪、王畿追送至此，阳明阐发"有心俱是实，无心俱是幻。无心俱是实，有心俱是幻"，史称"严滩问答"。这一次不仅是天泉问答的继续，而且具有定论的意义。可以说，在严滩四句中，阳明不是把"无"，而是把"有"放在首要地位，体现出阳明关于"有无"问题的思考，是以"有"为实体，以"无"为功用。如此一来，有与无或者说有心与无心，就不再是佛教或老子哲学意义上的空、无或假有，而是强调在儒家的立场上实现两者的统一，而这种统一既表现为工夫境界层面的"有无合一"，同时也是心体（本来意义层面上）的"有无合一"。

阳明去世后，关于"四句教"的争论更是聚讼纷纭。其实，据朱得之辑《稽山承语》记载，1526年，阳明与门人论良知心学，便首次揭示"王门四句教"，言："无善无恶者心也，有善有恶者意也，知善知恶者良知也，为善去恶者格物也。"这是最早的"王门四句教"的记载，比"天泉证道"早一年。可见，"四句教"绝非阳明在"天泉证道"之际的偶发之语，而是他晚年屡有言及的重要教法。

嘉靖七年农历十一月二十九日（公历1529年1月9日），阳明在归途中，卒于江西南安（今江西省大余县）青龙铺。临终之际，弟子问他有何遗言，阳明说："此心光明，亦复何言！"

一代大儒谢世，其功业足以彪炳史册，其思想更是朱子学之后的第二大高峰。陈荣捷曾说："有明王学展播全国，支配国人精神思想百有余年。其致良知与知行合一之旨，至今仍为我国哲学一擎天高峰，而四句之教，聚讼数百载，火尚未阑。"此言诚为不虚！

2　《传习录》结构

"传习"两字出自《论语》："吾日三省吾身：为人谋而不忠乎？与朋友交而不信乎？传不习乎？"按朱熹的解释，"传"谓"受之于师"，"习"谓"熟之于己"，"传习"大意是老师和学生之间的传授和学习。《传习录》便是阳明与其弟子之间的论学记录。在十余年间，就儒、佛、道等各种思想学术问题进行对谈的"实录"，显示出阳明与其弟子的思想互动。

《传习录》上、中、下三卷分别代表《传习录》成书的三个时期。上卷刊刻于正德十三年（1518），中卷刊刻于嘉靖三年（1524），下卷刊刻于嘉靖三十五年（1556）。按照陈荣捷《王阳明传习录详注集评》条目统计，上卷共129条，其中徐爱录14条，陆澄（1517年进士）录80条，薛侃（1486—1546）录35条。

《传习录》中卷是阳明弟子、绍兴府知府南大吉新增九篇（《王文成公全书》本称八篇）阳明给门生或友人的书信，与上卷合并刻行，又称"续刻传习录"。只是《王文成公全书》本《传习录》中卷后经阳明大弟子钱德洪的增删，已非南本旧貌，并新增《示弟立志说》《训蒙大意》两篇附于末。阳明曾亲见这部"续刻传习录"，表示该书的出版将有助于"共明此学于天下"，这表明阳明很看重这部书。

《传习录》下卷共收 142 条，记录者有陈九川、黄直[1]、黄省曾[2]等阳明弟子，记录的时间大致为 1519—1527 年，主要反映了阳明晚年的思想观点，其中"致良知""万物一体""四句教"最为著名。

将上述三卷合并，收入《王文成公全书》之际，又将阳明在正德年间撰写的《朱子晚年定论》（刊刻于正德十三年，1518 年）附在卷下之末，这便是今天看到的《传习录》全本，至此《传习录》的结构最终形成，今天流传的各种注释本的祖本都是《王文成公全书》本。

3　关于选录的底本及相关说明

本书在《传习录》选录基础上的导读，以陈荣捷《王阳明传习录详注集评》为底本（《集评》本），校本则是中华书局《王文成公全书》、邓艾民《传习录注疏》（《注疏》本）以及上海古籍出版社《王阳明全集》（新编本）。因此次选读按照阳明学的主要思想命题分类撰写，每类别重新分别编序。同时为便于读者查询，在每条选录文本后面标出《集评》本条数，而且为了便于阅读，将过长条目适当做了删减。

名词解释主要参照《集评》本，现代汉语翻译参考了《传习录全译》本（见"参考书目"），并尽量做到精简，赏析与点评部分主要参

1　黄直（1500—1579）：字以方，别号卓峰，江西金溪人，阳明弟子，嘉靖二年（1523）进士。
2　黄省曾（1490—1540）：字勉之，号五岳山人，吴县（今江苏省苏州市）人，著有《五岳山人集》《西洋朝贡典录》等。

照《〈传习录〉精读》《传习录》《有无之境：王阳明哲学的精神》《入圣之机：王阳明致良知工夫论研究》，意在适当点出阳明思想的精髓所在，帮助大家进一步领会阳明学的奥义。

4　主要参考书目

- 《王文成公全书》（王晓昕、赵平略点校），北京：中华书局，2015年。
- 《王阳明全集》（新编本）（吴光、钱明、董平、姚廷福编校），上海：上海古籍出版社，2011年。
- 陈荣捷：《王阳明传习录详注集评》（修订本），台北：学生书局，1992年。
- 邓艾民：《传习录注疏》，上海：上海古籍出版社，2012年。
- 吴震：《〈传习录〉精读》，上海：复旦大学出版社，2011年。
- 吴震：《传习录》（中华传统文化百部经典），北京：国家图书馆出版社，2018年。
- 于民雄注、顾久译：《传习录全译》，贵阳：贵州人民出版社，2009年。
- 陈来：《有无之境：王阳明哲学的精神》，北京：人民出版社，1991年。
- 陈立胜：《入圣之机：王阳明致良知工夫论研究》，北京：生活·读书·新知三联书店，2019年。

一 心即理

题解

"心即理"是阳明学的第一命题，是阳明心学的标志性命题。阳明在《象山文集序》中提出"圣人之学，心学也"，对世儒之支离提出批评，认为"世儒之支离，外索于刑名器数之末，以求明其所谓物理者。而不知吾心即物理，初无假于外"。当时朱子学说流行已久，且为官方科举考试的标准文本，对阳明此类说法，即便是阳明弟子，初闻之下，也颇难理解。徐爱、郑朝朔[1]等纷纷请教，阳明为之答疑解惑，关于师生之间的问答详见此篇所录条目。

"心即理"说在当时乃至以后引发了不少讨论。与阳明同时代的朱子学代表人物罗钦顺[2]对"心即理""心外无物"等说法大加批评。罗钦顺自言"仆与王（阳明）、湛（甘泉）二子皆相知，盖尝深服其才，而不能不惜其学术之误"，批评他们"但求之于心，而于事物上通不理会"，认为"心也者，人之神明而理之存主处也，岂可谓心即理，而以穷理为穷此心哉"。(《困知记》)

1　郑朝朔（1476—1513）：名一初，广东揭阳人。阳明任吏部主事时，朝朔为御史。
2　罗钦顺（1465—1547）：字允升，号整庵，泰和（今江西省泰和县上模乡上模村）人，明代"气学"的代表人物之一。

明末清初之际,王船山[1]对"心一理"说也提出批评。他指出所谓"心一理"说可分两种情况,一是"心外无理",二是"理外无心"。他同时指出,"心外无理"虽然可以讲通,却与佛教"三界唯心"之说相同,如"父慈子孝,理也",假使有人没有孩子,则虽然可以说慈之理不能生于此人之心,但不可据此推断天下无慈理。而"理外无心"则更不准确,按照舜"道心惟微,人心惟危"的说法,船山问"人心者其能一于理哉",如此不就是"随所知能以逐于妄"?因此他说:"心之未即理。"(《读四书大全说》)

1

爱问:"至善只求诸心,恐于天下事理有不能尽。"

先生曰:"心即理也。天下又有心外之事、心外之理乎?"

爱曰:"如事父之孝,事君之忠,交友之信,治民之仁,其间有许多理在。恐亦不可不察。"

先生叹曰:"此说之蔽久矣。岂一语所能悟?今姑就所问者言之。且如事父,不成去父上求个孝的理。事君,不成去君上求个忠的理。交友、治民,不成去友上、民上求个信与仁的理。都只在此心。心即

---

[1] 王船山:名夫之,字而农,号姜斋、夕堂,湖广衡阳县(今湖南省衡阳市)人,明末清初三大儒之一,晚年隐居于石船山麓,世称船山先生。

理也。此心无私欲之蔽，即是天理，不须外面添一分。以此纯乎天理之心，发之事父便是孝。发之事君便是忠。发之交友治民便是信与仁。只在此心去人欲存天理[1]上用功便是。"

爱曰："闻先生如此说，爱已觉有省悟处。但旧说缠于胸中，尚有未脱然者。如事父一事，其间温、凊、定、省[2]之类，有许多节目，不知亦须讲求否？"

先生曰："如何不讲求？只是有个头脑，只是就此心去人欲存天理上讲求。就如讲求冬温，也只是要尽此心之孝，恐怕有一毫人欲间杂。讲求夏凊，也只是要尽此心之孝，恐怕有一毫人欲间杂，只是讲求得此心。此心若无人欲，纯是天理，是个诚于孝亲的心，冬时自然思量父母的寒，便自要去求个温的道理。夏时自然思量父母的热，便自要去求个凊的道理，这都是那诚孝的心发出来的条件。却是须有这诚孝的心，然后有这条件发出来。譬之树木，这诚孝的心便是根，许多条件便是枝叶，须先有根，然后有枝叶，不是先寻了枝叶，然后去种根。《礼记》言：'孝子之有深爱者，必有和气，有和气者，必有愉色，有愉色者，必有婉容。'须是有个深爱做根，便自然如此。"（《集评》本第3条）

---

[1] 去人欲存天理：程朱理学的标志性口号，后成为广义上理学思想（包含心学）的重要主张。
[2] 温、凊、定、省：凊（qìng），清凉。此句是冬温夏凊、昏定晨省的省称，意思是侍奉父母应当做到无微不至，例如冬天要温暖被子，夏天要加上凉席，晚上要侍候睡定，早晨则要前往请安。语见《礼记·曲礼上》。

译文

徐爱问:"至善如果只从心中寻求,恐怕不能穷尽天下所有事物之理吧?"

阳明说:"心就是理。天下难道有心外之事、心外之理吗?"

徐爱又问:"比如事父的孝、事君的忠、交朋友的信、治理百姓的仁,其中有许多节目仪式需要讲求,恐怕也不能不考察吧?"

阳明说:"世人被这个说法蒙蔽很久了,不是一两句话能解释明白的,今天暂就你所提的问题来谈一谈。比如事父这件事,总不成要在父亲那里寻求个孝的理?事君,总不成在君主那里寻求个忠的理?交友、治理百姓,总不成也要在朋友和百姓那里寻个信和仁的道理?孝、忠、信、仁都只是在此心寻求即得,所以我说'心即理'。如果此心没有丝毫被私欲遮蔽,就是天理,不用到心外添加一分一毫。如果此心全是天理,那么表现在事父上自然就是孝,表现在事君上自然就是忠,表现在交友和治理百姓上自然就是信和仁。因此只需在此心上做去人欲、存天理的功夫即可。"

徐爱问:"听了老师您这番解释,我已觉得有所醒悟。但是旧说依然萦绕心间,我还不能完全看破。比如事父这件事,其间早晚请安问候、嘘寒问暖等生活细节条目,难道不需要讲求吗?"

阳明说:"怎么不讲求?只是要有个头脑,在此心去人欲、存天理上讲求。比如讲求寒冬保暖,也只是要讲求尽自己的孝心,不使有一毫人欲夹杂其间;讲求炎夏避暑,也是要讲求尽自己的孝心,不使有丝毫人欲夹杂其间。如果此心没有人欲,全是孝心,那么冬天自然会思量父母的寒冷，自然会去采取保暖的方法；夏天自然会思量父母的炎热，自然会去了解消暑的办法。防寒消暑都是那纯孝的心发出来的，必须先有纯孝的心，人才会思量讲求这些防寒消暑的方法。比如就一棵树来说，树根就是那颗诚恳孝敬的心，枝叶就是尽孝的许多细节条目。树必须先有根，然后才能长出树叶，而不是先讲求树叶，再去栽培其根。《礼记》上说'孝子心中有深爱者，心中必定是和气的，其脸色必定是欢愉的，欢愉必然展现为温婉的面容'。必须先有深爱父母的心为其根本，自然会有和气、欢愉、温婉的表现。"

点评

  按照徐爱的理解，"至善是心之本体"就是追求"至善"只从自己的内心出发，那么，就有可能导致对天下众多事物之"理"的讲求。对徐爱此问，阳明用"心即理"命题作了直截了当的回答。如就"事父""事君""交友""治民"等伦理政治实践活动来看，这些行为的伦理准则都存在于行为者的心中，而不能向行为的对象上去寻求。这说明作为"理"的伦理规范不在行为者的心外而在行为者心中。此即阳明"心外无理"。既然一切伦理行为源自每个人内在的本心，只从"纯乎天理之心"的本心发动去做，便可使行为真正符合"孝""忠""信""仁"等道德准则。若本心受到蒙蔽，则需要做一番"去人欲，存天理"的工夫。

  而关于本心与节目的关系，阳明用"树木"作为比喻，将"诚孝之心"（理）比作"根"，"许多条件"（行孝节目）比作"枝叶"，强调伦理实践须建立在善良本心的基础上，由此出发，使得人心"无一毫人欲间杂"，这样，人的行为必然合乎道德规范。至于"枝叶"等各种知识"条件"，则只有外缘性的助益作用。

2

爱问："'知止而后有定'，朱子以为'事事物物皆有定理[1]'，似与先生之说相戾。"

先生曰："于事事物物上求至善，却是义外[2]也。至善是心之本体，只是明明德到至精至一[3]处便是。然亦未尝离却事物，本注[4]所谓'尽夫天理之极而无一毫人欲之私'者得之。"（《集评》本第2条）

译文

徐爱问："《大学》之中'知止而后有定'，朱子认为是指'事事物物都有一定不变之理'，似乎与老师您的看法相矛盾？"

阳明说："如果在事事物物上寻求至善，便是把义看成外在的了。

---

1 定理：事物中存在的一定不变之理，语见朱子《大学或问》等。
2 义外：先秦时代告子的思想主张，他认为"仁"是内在于人心，而"义"却是外在于人心的，因此"义"只到心外去求。
3 至精至一：对道心的把握要达到"精一"的程度。精：精微；一：专一。语见《尚书·大禹谟》："人心惟危，道心惟微，惟精惟一，允执厥中。"
4 本注：指朱子《大学章句》。

至善是人心的本体，只要做明明德的修养工夫，并达到至精至一的境界，就是至善，当然寻求至善也不能离开事物。朱子在这条注释中说'尽夫天理之极而无一毫人欲之私'，是正确的。"

点评

王阳明从"心即理""至善是心之本体"的立场出发，反对朱子的事事物物皆有"定理"说，认为朱子这是将心与理对置起来，而这与告子的向外求"义"的"义外"说并无二致。阳明认为从《大学》"明明德"到《尚书》"惟精惟一"的工夫实践，都是要求从内心出发，去实现本心的"至善"境界。但是，阳明同时也强调这种向内用功的道德实践并不意味着"离却事物"，而必须在日常生活中加以落实。

3

郑朝朔问："至善亦须有从事物上求者。"

先生曰："至善只是此心纯乎天理之极便是。更于事物上怎生求？且试说几件看。"

朝朔曰："且如事亲，如何而为温凊之节，如何而为奉养之宜？须求个是当[1]，方是至善，所以有学问思辨之功。"

---

1 是当：理学用语，指行为须符合"当然之则"。

先生曰:"若只是温清之节,奉养之宜,可一日二日讲之而尽。用得甚学问思辨?惟于温清时,也只要此心纯乎天理之极。奉养时,也只要此心纯乎天理之极。此则非有学问思辨之功,将不免于毫厘千里之缪[1]。所以虽在圣人,犹加精一之训。若只是那些仪节求得是当,便谓至善,即如今扮戏子扮得许多温清奉养的仪节是当,亦可谓之至善矣。"

爱于是日又有省。(《集评》本第4条)

译文

郑朝朔问:"至善也必须从事物上讲求?"

阳明答:"至善只是要此心保全天理达到极致,怎么能在事物上讲求?你不妨举出几个例子来说说看。"

朝朔问:"比如孝敬父母,怎样才算做好保暖、消暑这类的细节条目?怎样奉养父母才是合宜的?须寻求个恰当之法,才是至善,所以才会说有学问思辨的功夫。"

阳明答:"如果只是讲究保暖消暑、奉养合宜的礼节仪式,这是一两天时间就可讲清楚的,何须用学问思辨的功夫?只是在讲求保暖消暑、奉养合宜的细节时,要使此心全是天理之极致,如果这里没有学问思辨的功夫,将不免差之毫厘而失之千里了。因此,即便是圣人,也要再加'惟精惟一'的训示。如果只是把那些礼节仪式讲求得适宜,

---

[1] 缪:同"谬"。

便称作至善，那么今天的戏子扮演了许多正确的事亲仪节，就可称作至善吗？"

徐爱在这一天又有所省悟。

点评

郑朝朔的问题其实也就是上述徐爱的问题，对此，阳明用了一个著名的比喻，即"如今扮戏子"之喻，旨在强调：如果一个人只是在外在仪表上、言行仪节上去追求十全十美，那么，即便行为完全符合仪表仪节的要求，恐怕也只不过是一种"表演"，如同"戏子"扮演孝子十分逼真一般，但这种表演并不能说明扮演者就是真正的孝子。因此，我们看一个人是不是孝子，须要看他的孝行是否源自他的"本心"。

4

"虚灵不昧，众理具而万事出[1]"，心外无理。心外无事。（《集评》本第32条）

译文

朱子解释心为"虚灵不昧，众理具而万事出"，便是说明"心外无理，

---

[1] 出自朱子《大学章句》注"明德"："明德者，人之所得乎天，而虚灵不昧，以具众理而应万事者也。"

心外无事"。

点评

　　据《集评》本考证,"虚灵不昧"出自佛语(见《景德传灯录》卷三十)。当然,朱子也知道此一概念的来源,为了与佛教进行区别,他又强调:佛家是以"虚灵不昧者为性,而无以具众理以下之事",而儒家则进一步讲"众理具而万事出",这才是儒、佛的根本区别(参见《朱子语类》卷十四)。

　　而阳明引朱子此语之后,接着提出了"心外无理,心外无事"这一心学观点。在阳明看来,心具众理就意味着"心外无理",万事由心而出,就意味着"心外无事"。然而这个推论对朱子而言显然是不合法的。依朱子,"心具众理"不能推出"心外无理",因为此处"具"只是表明心是理的存在场所,而理是无所不在的,绝不意味着心外无理;同样,心之德能"应万事",也不能推出"心外无事",因为心之所以能够应对"万事",是由于心具有"莫不有知"的知觉能力,而绝不意味着"心外无事"。可见,阳明对朱子学的理解有其心学预设,是阳明学的一种思想建构。

5

或问:"晦庵先生曰:'人之所以为学者,心与理而已[1]。'此语如何?"

曰:"心即性,性即理。下一'与'字,恐未免为二。此在学者善观之。"(《集评》本第33条)

译文

有人问:"朱子说:'人之所以能成为一名学者,就在于"心与理"而已,为学目标就在于实现"心与理一"。'这句话怎么样?"

阳明答:"心就是性,性就是理。中间加一个'与'字,恐怕难免作两个物事看待。学者对此要善于观察体会。"

点评

在朱子文本中,有不少关于"心与理一"的讨论,甚至有"理即是心""心即是理"(《朱子语类》卷三十七)等提法,但朱子强调的是为学工夫的日常积累,而不是说在工夫之前就已经预设了"心与理一"的存在事实。对朱子而言,"心与理一"或"心即是理"指向工夫熟后之境界,是要求人在道德修养上去追求"心与理一"的境界,而不是说心与理的直接同一。可见,朱子的"心与理一"不是心学意

---

1 语出朱子《大学或问》下。

义上的"心即理"。

阳明抓住了"心与理一"的一个"与"字,洞察到在这个说法的背后,朱子预设了现实的人心与本体之理处于分离状态,必须通过不断修养工夫才能消除两分的隔阂。而这是阳明不能认同的,因为朱子的这些说法与心学意义上的"心即理"命题在义理旨趣上存在根本的不同。

6

或曰:"人皆有是心。心即理,何以有为善,有为不善?"
先生曰:"恶人之心,失其本体。"(《集评》本第34条)

译文

有人问:"人都有这个心,心即理,为什么却有善、有不善呢?"
阳明说:"恶人之心,失掉了他的本体。"

点评

在阳明学理论中,"心之本体"是说心体是道德的、价值的存在,因此与性、天是同质的存在。心不仅仅是性,心体本身便是天理。阳明用天理来定义心体,其用意在于把心往上提升,提升至形上领域,这样一来,心作为一种本体存在才能站住脚。从哲学上说,这是将"心"

天理化的一种致思取向。就阳明而言，不如此说便不足以挺立起心的本体地位，也不足以树立起"心即理"这一心学命题。

7

先生游南镇[1]，一友指岩中花树问曰："'天下无心外之物'，如此花树，在深山中自开自落，于我心亦何相关？"

先生曰："你未看此花时，此花与汝心同归于寂。你来看此花时，则此花颜色一时明白起来。便知此花不在你的心外。"《集评》本第275条

译文

阳明与诸友人一起游历南镇，一个朋友指着岩石中开花的树，问道："天下没有心外的物，那么，这棵开花的树在深山中自开自落，和我的心有什么关系？"

阳明答："你没有看这些花的时候，这花与你的心同归于寂寞；你来看这花时，这花的颜色与你的心便同时明白起来。便知这花不是在你的心外。"

---

1 南镇：浙江会稽山之古称。《旧唐书》卷二十四《志第四·礼仪四》记载，隋代封天下"四大镇山"之一，"南镇会稽，（祭）于越州"。

点评

　　本条即著名的"南镇观花",是理解阳明的"心即理""心外无物"等思想的一条重要资料,也是阳明阐发"心物同构"论的典型案例。按照常识的看法,深山中的花树按照节气变化而"自开自落",与我们每个人的心没有什么关联。对此,阳明的回答非常简洁明了,他说:当你没到南镇来看这棵花树的时候,这棵花树与你的心同时处于"寂然不动"的状态;当你到南镇来看这棵花树的时候,这棵花树的颜色就在你的心中一时明亮起来。由此可以推知,这棵花树并不在你的心外存在。这是说,无论深山中的花树是什么颜色,如何美丽,如果离开了人,那么,我们就无从了解这棵花树的颜色和美丽。此说并不意味着这棵花树作为客体不存在,而是意味着这棵花树的意义尚未对我们人类敞开。可见,阳明强调只有当人去观赏的时候,花树的意义才会在人心当中"一时明白起来",其缘由也正在此。正是从这个角度看,可以说"天下无心外之物"。

二 心学格物论

题解

"格物"是《大学》八条目之一，朱子格物论特别是其《格物补传》广为流行，阳明早年亦按照朱子的"格物穷理"做工夫，却没有成功，直至龙场悟道，才悟"格物致知之旨"，明确"圣人之道，吾性自足"，而此前"求理于事物者，误也"。而且根据"心即理"之说，阳明论格物，前期以正心诚意说代格物，后期以"致良知"说代格物，致使格物工夫的独立性消失。富有心学意味的格物论，正是通过阳明与其弟子及友人之间的问答乃至辩论展开。弟子们经历了最初的不理解，到后来转变为认同和积极弘扬。特别是在阳明与顾东桥的往复辩论中，阳明心学"格物"思想更为明晰和坚定。

此外，罗钦顺坚决批评阳明回复《大学古本》以及削删朱子《格物补传》等做法，指出"如必以学不资于外求，但当反观内省以为务，则正心诚意四字亦何不尽之有，何必于入门之际，便困以格物一段工夫也"，从而对阳明"意用于事亲，即事亲之事而格之，正其事亲之事之不正者以归于正"的说法提出批评，认为此说是"苟能即事即物，正其不正以归于正，而皆尽夫天理"，质疑为何正心之后还要说个诚意，还要说个格物致知。(《困知记》)

王船山更是批评道"自姚江王氏者出而《大学》复乱",对阳明以朱子《大学章句》归重"格物"为非的说法提出批评,基于"道之必有序,学之必有渐"的认知,认为"以格物为本始者经也,非独传也,尤非独朱子之意也",对当时近百年里,学界纷纷以阳明之说为宗的现象颇为不满。(《礼记章句》)

1

爱问:"昨闻先生止至善之教,已觉功夫有用力处。但与朱子格物之训思之终不能合。"

先生曰:"格物是止至善之功。既知至善,即知格物矣。"

爱曰:"昨以先生之教,推之格物之说,似亦见得大略。但朱子之训,其于《书》之'精一',《论语》之'博约',《孟子》之'尽心知性',皆有所证据,以是未能释然。"

先生曰:"子夏笃信圣人。曾子反求诸己。笃信固亦是,然不如反求之切。今既不得于心,安可狃[1]于旧闻,不求是当?就如朱子亦尊信程子[2]。至其不得于心处,亦何尝苟从?精一、博约、尽心,本自与吾说吻合,但未之思耳。朱子格物之训,未免牵合附会。非其本旨。

---

1 狃:拘泥。
2 程子:此处应是指程颢、程颐两兄弟,二人共创"洛学",史称二程,河南府洛阳(今河南省洛阳市)人。程颢(1032—1085):字伯淳,号明道,世称"明道先生";程颐:字正叔,世称伊川先生。

精是一之功，博是约之功。"

……

爱曰："昨闻先生之教。亦影影见得功夫须是如此。今闻此说，益无可疑。爱昨晓思，格物的'物'字，即是'事'字。皆从心上说。"

先生曰："然。身之主宰便是心。心之所发便是意。意之本体便是知。意之所在便是物。如意在于事亲，即事亲便是一物。意在于事君，即事君便是一物。意在于仁民爱物，即仁民爱物便是一物。意在于视听言动，即视听言动便是一物。所以某说无心外之理，无心外之物。《中庸》言'不诚无物'，《大学》'明明德'之功，只是个诚意。诚意之功，只是个格物。"（《集评》本第6条，有所删减）

译文

徐爱问："昨天听老师'止至善'的说法，已经感觉功夫有下手的地方，但仍与朱子对'格物'的阐述有不能贯通的地方。"

阳明答："格物就是止至善的功夫。你既然已经了解止至善，便应知道格物。"

徐爱问："昨天我按照老师关于止至善的教诲来思考对格物的解释，似乎已经明白个大概。但是朱子的解释，在《尚书》'精一'、《论语》'博约'、《孟子》'尽心知性'等这些说法中都能找到依据，所以我仍未能彻底明白。"

阳明答："子夏笃信圣人，而曾子讲究反求诸己。笃信圣人固然是正确的，然而不如反求工夫亲切。今天你既然不能反求诸心，又怎么可以困于旧闻，不去求个正确？就像朱子也尊信程子，但如果不能反求于心而有所得，朱子又何尝苟从？'精一''博约''尽心'，与我的说法本来就相符合，只是你没好好思考罢了。朱子对格物的解释，未免是牵合附会，失去了《大学》格物的本旨。精就是一的功夫，博就是约的功夫。"

……

徐爱问："昨天听老师的教诲，已经隐隐约约觉得功夫需要如此做才好。今天听此说，心中更加没有疑惑了。我昨天思考'格物'的'物'字应该就是'事'字，都是从人心上说的。"

阳明答："对。身体的主宰是心，心的发动便是意，意的本体便是知，意的所在便是物。比如，意在于事亲，事亲就是一物；意在于事君，事君便是一物；意在于仁民爱物，仁民爱物就是一物；意在于视听言动，视听言动便是一物。所以我才说心外无理，心外无物。《中庸》说'不诚无物'，《大学》说'明明德'之功，都是指诚意功夫，而诚意功夫就是格物功夫。"

点评

这条阳明与徐爱的对话集中讨论了《大学》"格物"问题。

首先，阳明强调"格物"是指向"止至善"的实践。基于"至善是心之本体"，将"心之本体"看作真正落实格物工夫的出发点，即唯有从心体出发，做一番"尽心""存心"工夫，而不是从心之外去寻求所谓事事物物上的"定理"，这才是对《大学》"格物"问题的正确理解。

其次，按阳明的看法，"格物的'物'字，即是'事'字，皆从心上说"，体现了其"心外无物"与"心外无事"的心学立场；同时，阳明阐发了身、心、意、知、物这五个概念的关联性，提出了"意之本体便是知"和"意之所在便是物"两个重要命题。

而所谓"意之本体便是知"表明阳明已经对"良知"概念有了基本的把握，因为作为意识活动之本体的"知"，除"良知"之外，不可能是其他类型的"知"（例如经验知识），良知才是主导意识的"本体"；所谓"意之所在便是物"则是指任何外在事物都不能脱离心体发动的意识指向，故"物"就是一种意识对向物，由此，"心"借助于"意"而与"物"具有同构性，这是从"心物同构"的角度论证"心外无物"，即阳明所说"心外无物。如吾心发一念孝亲，即孝亲便是物"（《集评》本第83条）。

2

先生又曰："'格物'如《孟子》'大人格君心'之'格'。是去其心之不正，以全其本体之正。但意念所在，即要去其不正，以全其正。即无时无处不是存天理，即是穷理。天理即是明德，穷理即是明明德。"

（《集评》本第7条）

译文

阳明又说:"'格物'的'格'字就是《孟子》'大人格君心'的'格'的意思,指去除其心之不正,以保全其本体之正。只要意念所在之处,就要去其不正以全其正,则无时无处不是存天理,这便是穷理的功夫。天理就是'明德',穷理就是'明明德'。"

点评

阳明"格物"论完全不同于朱子格物说。他根据孟子"惟大人为能格君心之非"的观点,将"格物"的"格"训解为"正",指出"格者,正也。正其不正以归于正也"(《集评》本第86条),对经学史上训"格"为"至"或"来"的传统解释进行了颠覆。这一颠覆的意义在于,"格物"不再是向外的求知活动,而是向内的正心诚意之实践。于是,格物就变成了正心之物的含义,显然,这标志着阳明心学"格物"理论的形成。

3

侃问:"专涵养而不务讲求,将认欲作理,则如之何?"

先生曰:"人须是知学讲求,亦只是涵养。不讲求,只是涵养之志不切。"

曰:"何谓知学?"

曰:"且道为何而学?学个甚?"

曰:"尝闻先生教,学是学存天理。心之本体,即是天理。体认天理,只要自心地无私意。"

曰:"如此则只须克去私意便是,又愁甚理欲不明?"

曰:"正恐这些私意认不真。"

曰:"总是志未切。志切,目视耳听皆在此。安有认不真的道理?<u>是非之心,人皆有之,不假外求。讲求亦只是体当自心所见,不成去心外别有个见。</u>"(《集评》本第96条)

译文

薛侃问:"如果只做涵养工夫而不去讲求,可能会认欲为理,该怎么办?"

阳明答:"人须先要知学,讲求也只是涵养工夫的一种,不讲求只是涵养的志向不真切。"

又问:"什么叫知学?"

阳明反问:"你说为了什么而学?学又是学什么?"

薛侃答:"常听老师说,学是学存天理。心的本体便是天理,体认天理,要自己的心没有私意。"

阳明说:"如此便只需克去私意,又担忧什么分不清天理与人欲呢?"

薛侃答:"正是怕不能认清私意。"

阳明答:"这也总是因为立志不真切。如果立志真切,耳听、目视都在此,哪有认不清的道理?是非之心,是人人都有的,不假外求的。讲求也只是体会、认识自己心中所见的道理,难不成是去心外寻个道理?"

点评

这里所说的"讲求",是指对知识的追求,接近于格物致知的意思。因此,涵养与讲求的关系类似于涵养与穷理的关系。按照程朱理学的观点,"涵养须用敬,进学则在致知",涵养与致知是两项基本工夫。但在阳明看来,此种说法是支离之学,他将向外穷理收摄至内心用功、克去己私之内,得出"讲求亦只是体当自心所见"的结论,也就是说:"君子之学以明其心,其心本无昧也。而欲为之蔽,习为之害,故去蔽与害而明复,匪自外得也。"(《全集》卷七《别黄宗贤归天台序》)

4

朱子所谓"格物"云者,在"即物而穷其理"也。即物穷理,是就事事物物上求其所谓定理者也。是以吾心而求理于事事物物之中,析心与理而为二矣。夫求理于事事物物者,如求孝之理于其亲之谓也。求孝之理于其亲,则孝之理其果在于吾之心邪?抑果在于亲之身邪?假而果在于亲之身,则亲没之后,吾心遂无孝之理欤?见孺子之入井,必有恻隐之理。是恻隐之理,果在于孺子之身欤?抑在于吾心之良知欤？其或不可以从之于井欤？其或可以手而援之[1]欤？是皆所谓理也。是果在于孺子之身欤？抑果出于吾心之良知欤？以是例之，万事万物之理，莫不皆然，是可以知析心与理为二之非矣。

夫析心与理而为二，此告子义外之说，孟子之所深辟也。务外遗内，博而寡要，吾子既已知之矣。是果何谓而然哉？谓之玩物丧志，尚犹以为不可欤？

若鄙人所谓致知格物者，致吾心之良知于事事物物也。吾心之良知，即所谓天理也。致吾心良知之天理于事事物物，则事事物物皆得其理矣。致吾心之良知者，致知也。事事物物皆得其理者，格物也。是合心与理而为一者也。（《集评》本第135条）

译文

朱子所谓"格物"云者，是指"即物而穷理"。即物穷理是指从事事物物上寻求所谓定理，是用自己的心在事事物物上寻求理，这是分心与理为二了。在事事物物上求理，就如要在父母身上求孝的理。在父母身上求孝的理，那么孝的理果真在自己的心中，抑或果真在父母身上？假如果真在父母身上，那父母过世以后，自己心中就没有孝的理了吗？看见小孩将要掉进井里，便一定会有恻隐之理，恻隐之理果真在小孩身上，还是出于自己心中的良知？至于不可以跟随入井而

---

[1] 以手而援之：语出《孟子·离娄上》："嫂溺不援，是豺狼也。男女授受不亲，礼也；嫂溺，援之以手者，权也。"

求人，而可以伸手去救溺水的嫂子，这些都是道理。道理是果然在小孩身上，还是出于自己心中的良知？以此类推，万事万物之理莫不皆然，则可知分心与理为二是错误的。

如果将心与理分别为二，此便是告子"义外"之说，对此孟子已经批判过。"务外遗内，博而寡要"，你也是知道的。为什么这么说？称此为玩物丧志，难道不对吗？

我所说的"致知格物"，是将自己心中的良知推及到事事物物中去。自己心中的良知，就是"天理"。将自己心中的良知之"天理"推及到事事物物上，则事事物物都得其天理。将自己心中的良知推及到事物，便是"致知"；事事物物皆得其天理，便是"格物"，这样一来，心与理就可达到合一了。

点评

根据"心外无理"和"心外无事"的说法，阳明对朱子格物说提出批评，认为其错误的关键就是割裂了心与理的关系，分心与理为二。此处阳明又以"孝亲"为例，强调"孝亲"之理，不可能存在于行孝行为的对象身上，而必然存在于行孝者的内心中，以此证明"心即理""心外无理"等说法。

最后，基于其良知理论，阳明提出了所谓格物致知就是致良知。具体而言，就是将自己的良知之天理推广扩充于事事物物当中，从而使事事物物"皆得其理"——事事物物都能与良知之天理相符。

从阳明对朱子格物论的以上批评来看，他不免有轻视外在客观知识的倾向，不免走向所谓"反知识主义"的路径，但究极而言，阳明所关心的不是知识如何获得的问题，也不是知识是否必要的问题，而是知识对人而言有何意义的问题。在阳明看来，唯有在心体良知的主导下和参与下，事事物物的存在（包括所有一切有关事物的知识）才会变得有意义。由此可以说，阳明的致良知理论不是对客观知识或事物存在的否定，而是强调，遗忘了心体良知的存在或抽离于心体良知之外去追求所谓的客观知识，是没有意义的。

5

来书[1]云："教人以致知明德，而戒其即物穷理。诚使昏暗之士，深居端坐，不闻教告，遂能至于知致而德明乎？纵令静而有觉，稍悟本性，则亦定慧无用之见。果能知古今，达事变，而致用于天下国家之实否乎？其曰'知者意之体，物者意之用'，格物如格君心之非之格，语虽超悟，独得不踵[2]陈见，抑恐于道未相吻合。"

区区论致知格物，正所以穷理。未尝戒人穷理使之深居端坐，而一无所事也。若谓即物穷理，如前所云务外而遗内者，则有所不可耳。昏暗之士，果能随事随物精察此心之天理，以致其本然之良知，则"虽

---

1 来书：此为顾东桥来书。据《阳明年谱》，此书作于嘉靖四年（1525）。
2 踵（zhǒng）：追随，依从。

愚必明,虽柔必强"。大本立而达道行,九经之属,可一以贯之而无遗矣,尚何患其无致用之实乎?彼顽空虚静之徒,正惟不能随事随物精察此心之天理,以致其本然之良知。而遗弃伦理,寂灭虚无以为常。是以要之不可以治家国天下。孰谓圣人穷理尽性之学而亦有是弊哉?

心者身之主也。而心之虚灵明觉,即所谓本然之良知也。其虚灵明觉之良知应感而动者谓之意,有知而后有意,无知则无意矣。知非意之体乎?意之所用,必有其物。物即事也。如意用于事亲,即事亲为一物。意用于治民,即治民为一物。意用于读书,即读书为一物。意用于听讼,即听讼为一物。凡意之所用,无有无物者。有是意,即有是物,无是意,即无是物矣。物非意之用乎?

"格"字之义,有以"至"字训者。如"格于文祖""有苗来格",是以至训者也。然格于文祖,必纯孝诚敬,幽明之间,无一不得其理,而后谓之格。有苗之顽,实以文德诞敷而后格。则亦兼有"正"字之义在其间。未可专以"至"字尽之也。如"格其非心""大臣格君心之非"之类,是则一皆正其不正以归于正之义,而不可以"至"字为训矣。且《大学》格物之训,又安知其不以"正"字为训,而必以"至"字为义乎?如以"至"字为义者,必曰"穷至事物之理",而后其说始通。是其用功之要,全在一"穷"字。用力之地,全在一"理"字也。若上去一"穷"字,下去一"理"字,而直曰致知在至物,其可通乎?

夫穷理尽性,圣人之成训见于系辞者也。苟格物之说而果即穷理之义,则圣人何不直曰致知在穷理,而必为此转折不完之语,以启后世之弊邪?盖大学格物之说,自与系辞穷理大旨虽同而微有分辨。穷理者，兼格致诚正而为功也，故言穷理，则格致诚正之功，皆在其中。言格物，则必兼举致知诚意正心而后其功始备而密。今偏举格物，而遂谓之穷理，此所以专以穷理属知，而谓格物未尝有行。非惟不得格物之旨，并穷理之义而失之矣。此后世之学所以析知行为先后两截，日以支离决裂。而圣学益以残晦者，其端实始于此。吾子盖亦未免承沿积习，则见以为于道未相吻合，不为过矣。（《集评》本第137条）

译文

来信说："教人致知明德，却告诫其不可即物穷理，确实会令昏昧的读书人深居端坐，不闻教诲，哪能实现知致而德明？假使静而有觉，稍悟本性，也是定慧无用之见，果真能知古今，达事变，而能于天下国家有实际用处吗？如说'知者意之体，物者意之用'，'格物'如'格君心之非'之'格'，话语虽超悟独得，不循陈见，恐怕也与道不相符合。"

我所说的"致知格物"，正是为了穷理，何尝禁止人去穷理，而使他们深居端坐，无所事事？若把"即物穷理"理解成前面所说的"务外而遗内"，那么我是不赞成的。昏昧的人，若果能在事事物物上精察自己心中的天理，来推致其心中本然的良知，那么，即便愚笨的人也定会变得聪明，柔弱的人也必会变得坚强，就能树立大本，践行达道，"九经"之类，可一以贯之而没有遗落，又何必担忧是否有实际的效用呢？至于那些顽空虚静之徒，正是由于不能在事事物物上精察自己心中的天理，来推致其心中本然的良知，又遗弃物理，以寂灭虚无为常，所以不能治国、平天下。谁说圣人穷理尽性的学问也有这种弊端？

心乃是身体之主宰，而心的虚灵明觉，就是所谓本然的良知。虚灵明觉的良知应外感而动，便是意。有知而后才有意，无知便没有意。知难道不是意的本体吗？意的发用流行必要附着在物上，物便是事。如意在于事亲，则事亲便是一物；意在于治民，则治民便是一物；意在于读书，则读书便是一物；意在听讼，则听讼便是一物。凡意的发用，无有无物的；有是意便有是物，无是意便无是物。物难道不是意的发用吗？

"格"字的含义，有用"至"字来解释的，比如"格于文祖""有苗来格"等，都是用"至"字来解。然而"格于文祖"，必定要纯孝诚敬，幽明之间没有不得理的，才称为"格"；有苗氏顽固不化，必要用文德去感化而后能至，其中也兼有"正"字的含义在内，不可专以"至"字来解。如"格其非心"和"大臣格君心之非"之类，都是"正其不正以归于正"的意思，不可以"至"字来解。且《大学》中"格物"的"格"，又怎么确知其不可用"正"字而必用"至"字来解释呢？如以"至"字来解，必说"穷至事物之理"，而后其说才可通。这样，用功的关键，全在一个"穷"字，用力的目标，全在一个"理"字。若上面去一个"穷"字，下去一个"理"字，而直说"致知在格物"，怎么能说得通？

穷理尽性乃是圣人的成训，见于《周易·系辞》。若格物的说法果真是穷理的意思，那么圣人为何不直说"致知在穷理"，而非要作此转折不完之语,造成后世如此的邪弊呢?因为《大学》中的"格物"与《系辞》中的"穷理"虽大体意思相同,但仍略有区别。穷理包括了格物、致知、诚意、正心功夫,所以说到穷理,则格物、致知、诚意、正心功夫都在其中。说格物,就一定要同时提出致知、诚意、正心,而后功夫才算完备和严密。如今只说格物便谓之穷理,这就是只把穷理看成知的功夫,而认为格物不包括行,这不但不能得格物的主旨,而且连穷理的含义也丢失了。后世之学分知与行为先后两截,造成圣人之学日益支离破碎,残破晦涩,其根源就在于此。你大概也不免承沿积习,便认为我的观点与道不合,也是难免的。

点评

阳明"格物"说提出后,引发了不少争论,顾东桥、罗钦顺便是重要的辩论者。在此条目中,针对顾东桥来信中的诸多疑问,阳明以《尚书》《孟子》等书中出现的"格其非心""格君心之非"等说法为依据,提出训"格"为"正"。与此相应,阳明也认为物不是外在客观物,而是"意之用",即所谓"意之所着为物",于是,物就变成了意识对象物,也就是,意之所向,必有其物,而物即事。阳明从而对《大学》"身、心、意、知、物"诸概念进行了全新解释,凸显了"意"在这套系统中的重要地位。不仅如此,阳明还强调良知是意之主体,这里涉及良知与意念的关系问题,即阳明所说:"意与良知当分别明白,凡应物起念处,皆谓之意。意则有是有非,能知得意之是与非者,则谓之良知。依得良知,即无有不是矣。"(《全集》卷六《答魏师说》)

基于上述观点，阳明重建了心学格物论。在阳明看来，格物不是向外寻求客观定理，而是返向内在以端正意识活动的一种实践活动。因此，格物不再是即物穷理的求知活动，而是纠正心中之物，即指向意识对象的一种道德实践活动。

6

夫理无内外，性无内外，故学无内外。讲习讨论，未尝非内也。反观内省，未尝遗外也。夫谓学必资于外求，是以己性为有外也。是义外也，用智者也。谓反观内省为求之于内，是以己性为有内也。是有我也，自私者也。是皆不知性之无内外也。故曰："精义入神，以致用也。利用安身，以崇德也。""性之德也，合内外之道也。"此可以知格物之学矣。

格物者，《大学》之实下手处。彻头彻尾，自始学至圣人，只此工夫而已。非但入门之际有此一段也。夫正心、诚意、致知、格物，皆所以修身而格物者。其所用力，实可见之地。故格物者，格其心之物也，格其意之物也，格其知之物也。正心者，正其物之心也。诚意者，诚其物之意也。致知者，致其物之知也。此岂有内外彼此之分哉？理一而已。以其理之凝聚而言则谓之性，以其凝聚之主宰而言则谓之心，以其主宰之发动而言则谓之意，以其发动之明觉而言则谓之知，以其明觉之感应而言则谓之物。故就物而言谓之格，就知而言谓之致，就意而言谓之诚，就心而言谓之正。正者，正此也。诚者，诚此也。致者，致此也。格者，格此也。皆所谓穷理以尽性也。<u>天下无性外之理，无性外之物</u>。学之不明，皆由世之儒者认理为外，认物为外。而不知义外之说，孟子盖尝辟之，乃至袭陷其内而不觉。岂非亦有似是而难明者欤？不可以不察也。（《集评》本第174条）

译文

理是不分内外的，性也是不分内外的，所以学也是不分内外的。讲习讨论，未尝不属于内；反观内省，何尝遗弃了外。如果认为学问必须寻求于外，这是以自己的性还有在外的，这就是义外，就是用智；认为反观内省就是指专门在内寻求，这就是以自己的性有在内的，这是"有我"，就是"自私"，这都是不知道性是不分内外的。所以说"精义入神，用来致用；利用安身，用来崇德""性之德，是合内外之道"，由此可知格物之学。

格物，是《大学》指出的一个做工夫的实实在在的入手处，彻头彻尾，自始学至于圣人，只是此工夫而已，并非入门时候的一段工夫。正心、诚意、致知、格物，都是为了修身，而格物，是做工夫明显的入手之处。所以"格物"就是格其心之物，格其意之物，格其知之物；正心者，正其物之心；诚意者，诚其物之意；致知者，致其物之知，哪有内外彼此的分别？理就只有一个。从理的凝聚而言谓之性，从其凝聚的主宰而言谓之心，从其主宰的发动而言谓之意，从其发动的明觉而言谓之知，从其明觉的感应而言谓之物。所以，就物而言谓之格，就知而言谓之致,就意而言谓之诚,就心而言谓之正。正者,就是正此;诚者,就是诚此;致者,就是致此;格者,就是格此,就是所谓的"穷理以尽性"。天下没有性外的理,没有性外的物。圣学之所以不彰明,都是由于后世的儒者认为理在性外,物在性外,而不知义外之说,孟子早已批评过。深陷其中而不自觉,这岂不是似是而非,难以分明吗?不能不加以省察。

点评

本条对《大学》"心意知物""格致诚正"作出了重新界定,特别是将早先的《大学古本傍释》"意者物之用"以及"意之所着为物"的简洁说法修改为"以其明觉之感应而言则谓之物",其中的代词"其"显然是接着前一句的"知"——良知。于是,"物"无非是良知明觉之感应,而非简单的"所用"或"所着"。这个"明觉之感应"的提法在理论上显得更为重要。良知不仅是"明觉精察"的道德判断力,更是万事万物之感应变化的根本。可见,这是在"心物同构"的框架中明确了良知的地位,而作为感应现象的"物"被统摄在本体良知之下,这有利于挺立良知作为实体之存在、万有之根本的意义,使得良知获得了如同天理一般的本体地位,实现了良知实体化,使良知成为宇宙万物、人类存在的形上根源,这与阳明晚年再三强调良知即天理的观点是一脉相通的。

7

正德乙亥[1]，九川[2]初见先生于龙江[3]，先生与甘泉[4]先生论格物之说，甘泉持旧说，先生曰："是求之于外了。"甘泉曰："若以格物理为外，是自小其心也。"九川甚喜旧说之是。先生又论《尽心》一章，九川一闻，却遂无疑。后家居，复以"格物"遗质。先生答云："但能实地用功，久当自释。"山间乃自录《大学》旧本读之，觉朱子格物之说非是。然亦疑先生以意之所在为物，物字未明。

己卯[5]，归自京师再见先生于洪都[6]。先生兵务倥偬，乘隙讲授。首问近年用功何如？九川曰："近年体验得明明德功夫只是诚意。自明明德于天下，步步推入根源到诚意上，再去不得，如何以前又有格致工夫？后又体验，觉得意之诚伪，必先知觉乃可。以颜子'有不善未尝不知，知之未尝复行'为证，豁然若无疑。却又多了格物功夫。又思来吾心之灵，何有不知意之善恶？只是物欲蔽了。须格去物欲，始能如颜子未尝不知耳。又自疑功夫颠倒，与诚意不成片段。后问希颜，希颜曰：'先生谓格物致知是诚意功夫，极好。'九川曰：'如何是诚意功夫？'希颜令再思体看。九川终不悟，请问。"

1 乙亥：正德十年（1515）。
2 九川：即陈九川。
3 龙江：在今江苏省南京市。
4 甘泉：即湛若水。
5 己卯：正德十四年（1519）。
6 洪都：今江西省南昌市。

先生曰："惜哉！此可一言而悟，惟濬所举颜子事便是了，只要知身心意知物是一件。"

九川疑曰："物在外，如何与身心意知是一件？"

先生曰："耳目口鼻四肢，身也，非心安能视听言动？心欲视听言动，无耳目口鼻四肢，亦不能。故无心则无身，无身则无心。但指其充塞处言之谓之身，指其主宰处言之谓之心，指心之发动处谓之意，指意之灵明处谓之知，指意之涉着处谓之物，只是一件。意未有悬空的，必着事物。故欲诚意，则随意所在某事而格之。去其人欲，而归于天理，则良知之在此事者无蔽而得致矣。此便是诚意的功夫。"九川乃释然破数年之疑。（《集评》本第201条）

译文

正德十年，九川在龙江与阳明初次见面，阳明与甘泉讨论格物之说，甘泉持旧说。阳明说："这是求之于外了。"甘泉答道："如果以格物理为外，这是自小其心。"九川颇为喜欢旧说。阳明又论《孟子·尽心》一章的工夫问题，九川一听，心中疑虑顿消。后来家居期间，又来信请教"格物"问题。阳明回信说："只要切实用功，时间长了，自然会明白。"再后来在山中居住时，九川常取《大学》旧本来读，逐渐觉得朱子的格物之说确实不对，然而又疑虑阳明"以意之所在为物"的说法，认为"物"字含义不明。

四年后，九川从京师回来，在南昌与阳明再次相见。当时阳明兵务倥偬，仍不忘趁闲时讲授。问九川："近年用功如何？"九川答："近年体验得'明明德'功夫只是'诚意'。自'明明德于天下',步步推入根源到诚意上,再推不得,如何前面又有格致工夫?后又体验,觉得意之诚伪,必先有所知觉才行。以颜子'有不善未尝不知,知之未尝复行'为证,豁然无疑,而格物功夫又多了。又想到我心之灵,哪有不知道意之善恶的,只是被物欲遮蔽了,须要先格去物欲,才能如颜子'未尝不知'。又疑惑功夫颠倒,与诚意不能连成一片。后问希颜,希颜说:'先生说格物致知就是诚意功夫,这个说法极好。'九川说:'诚意功夫是什么?'希颜令我再想想看。九川始终没有领悟透,就继续请教先生。"

阳明说:"可惜!这一句话就能说明白,你所举颜回的事就是这样。只要知道身、心、意、知、物都是一回事就好了。"

九川疑惑地问:"物在身外,怎么能与身、心、意、知是一回事呢?"

阳明说:"耳、目、口、鼻、四肢,都是身体的一部分,如果没有心,怎能看、听、说、动?心想看、听、说、动,如果没有目、耳、口、鼻、四肢,也是办不到的。所以说没有心就没有身体,没有身体就没有心。只是就其充塞全身的角度来说称为身体,就全身的主宰角度来说称作心,就其心的发动的角度来说称作意,就其意的灵明的角度来说称作知,就其意的涉着的角度来说称为物,但都是一回事。意是不会悬空的,一定是附着在事物上。所以说'诚意'就是在意之所着的事物上去格,就是去人欲而归于天理。于是,在这件事上的良知便不会受蒙蔽而获得实现。这就是'诚意'的功夫。"九川数年的疑问终于冰释。

点评

本条为《传习录》下卷之首,约记录于正德十四年(1519),仍然围绕《大学》身心意知物的问题展开,特别是对"物"的解释,阳明坚持"意未有悬空的,必着事物"以及"意之所在便是物"的观点,将"物"解释为意识指向的对象物。因此,格物也就变成了随意之所在而"格之"的诚意工夫,而"去人欲存天理"的诚意工夫也就意味着"良知之在此事者无蔽而得致矣",即致良知的实现。

《传习录》上卷在1518年刊行,阳明的一些心学观点在当时便引发众多关注和讨论,特别是受到朱子学派学者的诸多批评。本条开头所举"疑先生以意之所在为物,物字未明"便是被批评的标靶之一。因为按照这一解释,程朱理学的格物说便从根本上被颠覆了。然而对阳明而言,"意之所在便是物"是不可放弃的一条原则,因为这与阳明"心外无物"的心学立场密切相关,容不得退让。对此,阳明再传弟子王时槐的评估值得参考:"阳明先生以'意之所在为物',此义最精……故意之所在为物,此物非内非外,是本心之影也。"(《王时槐集·友庆堂合稿》卷四《三益轩会语》)

8

门人有言邵端峰[1]论童子不能格物,只教以洒扫应对之说。

先生曰:"洒扫应对,就是一件物,童子良知只到此。便教去洒扫应对,就是致他这一点良知了。又如童子知畏先生长者,此亦是他良知处。故虽嬉戏中见了先生长者,便去作揖恭敬,是他能格物以致敬师长之良知了。<u>童子自有童子的格物致知。</u>"

又曰:"我这里言格物,自童子以至圣人皆是此等工夫。但圣人格物,便更熟得些子,不消费力。如此格物,虽卖柴人亦是做得,虽公卿大夫,以至天子,皆是如此做。"(《集评》本第319条)

译文

有学生问:"邵端峰说'小孩不能格物,只需教以洒水、扫地、应对等内容'。"

阳明答:"洒水、扫地、应对就是一件事情。小孩的良知只到此,便教他去洒扫应对,就是实现他那一点良知了。又比如小孩知道敬畏长者,这就是他的良知,所以哪怕是在嬉戏游玩当中,见了老师长者,也会去作揖行礼,这就是他能格物以致其敬长的良知了。小孩有小孩的格物致知。"

阳明又说:"我所说的'格物',从小孩到圣人,都是一样的工夫。

---

[1] 邵端峰:名邵锐,号端峰,浙江仁和(今浙江省杭州市)人,正德三年(1508)进士。

只是圣人做格物工夫比较熟练一些,不用费力去做。这样的格物工夫,即便是卖柴的人也能做得,而公卿大夫以至于天子,都是如此做工夫。"

点评

经过阳明重新诠释,格物工夫已经没有小学阶段与大学阶段的区别了,甚至可以不分身份,地位低下的卖柴人以及地位高贵的公卿大夫,直至圣人、天子,任何人所做的格物工夫都是一样的,都是在自身应尽的义务当中,即实现本心的良知。如果说格物是通过种种"道问学"的环节逐渐增加的闻见之知、外物知识,那么,"童子"或"卖柴人"就有被排除在这类格物工夫之外的可能。阳明所谓的格物已不是那种"格天下之物"的工夫,而是"正自己内心"的德性实践,那么任何人都可以在自己的生活行为中,去践履良知的实践。

阳明的这一观点显示出其心学思想可由知识精英向一般民众、庶民阶层推广。也正由此,泰州学派王艮提出"捧茶童子即是道""百姓日用即道"等思想,与阳明在此揭示的思想观念有着一脉相通之处。

三

《大学》之要,诚意而已

题解

按照朱子的观点,《大学》本始工夫无疑是格物,即所谓"格物始教"。但阳明通过将"格物"之"物"字解释为"意之所在",用"诚意"代替了格物,提出"《大学》之要,诚意而已矣",而且晚年更是将诚意工夫与致良知工夫画等号。

对阳明此类说法,王船山提出了批评。就正心与诚意关系而言,王船山将正心看作"圣学提纲之要",批评道:"舍心不讲,以诚意而为玉钥匙,危矣哉!"就格物致知与正心诚意关系而言,船山指出朱子之所以"以格物为始教者",是针对"异端之虚无寂灭、高过于《大学》而无实者言也",是"为陆子静救",而如果针对陈亮等事功者,就必然会"以诚正告之"。(《读四书大全说》)

1

工夫难处,全在格物致知上,此即诚意之事。意既诚,大段心亦自正,身亦自修。但正心修身功夫,亦各有用力处。修身是已发边,

正心是未发边。心正则中，身修则和。（《集评》本第88条）

译文

工夫的难处，全在于格物致知，这就是诚意的事。意若诚了，大致上，心也就正了，身也就修了。但是正心和修身也各有其用力的地方。修身属于已发时的工夫，正心属于未发时的工夫，心正即是中，身修即是和。

点评

朱子认为"格物"是《大学》第一义，强调工夫之次序不可乱，须从格物做起，进而做正心诚意等工夫。而阳明认为"《大学》之要，诚意而已矣"（《全集》卷七《大学古本序》），故工夫须从"诚意"做起。本条对此观点进行了简明扼要的论述。阳明认为，格物致知不是舍心逐物，向外在事物去追求所谓的客观定理，而是应当反过来，在自家身心上做工夫，即"诚意"。做到了诚意，那么，也就实现了正心、修身等。意是心之所发，而知是意之主体，因此，归根结底，诚意也就是致良知工夫。

2

守衡[1]问:"《大学》工夫只是诚意,诚意工夫只是格物,修齐治平,只诚意尽矣。又有正心之功,有所忿懥好乐,则不得其正,何也?"

先生曰:"此要自思得之,知此则知未发之中矣。"

守衡再三请。

曰:"为学工夫有浅深。初时若不着实用意去好善恶恶,如何能为善去恶?这着实用意,便是诚意。然不知心之本体原无一物,一向着意去好善恶恶,便又多了这分意思,便不是廓然大公。《书》所谓'无有作好作恶',方是本体。所以说有所忿懥好乐,则不得其正。正心只是诚意工夫里面。体当自家心体,常要鉴空衡平[2],这便是未发之中。"(《集评》本第119条)

译文

守衡问:"《大学》工夫只是诚意,诚意工夫只是格物。修身、齐家、治国、平天下,只用诚意就全概括了,为什么又有'正心之功,有所忿懥好乐,则不得其正'?"

阳明答:"此须自己思考才能得知。知此便知未发之中。"

---

1 守衡:似即郭持平,字守衡,号浅斋,据《万安县志》卷十二《郭持平传》,正德十二年(1517)进士,朱宸濠叛乱时,郭从阳明参赞军谋。
2 鉴空衡平:镜子照物的前提是镜子本身没有东西遮挡,衡量事物的秤杆必须先保证其本身的平衡。鉴:镜子。衡:秤杆。

守衡再三请问。

阳明答:"治学的工夫有深有浅。初学时如果不着实用意去好善恶恶,怎么能为善去恶?这着实用意便是诚意。但若不知心之本体原本是无一物,一向着意去好善恶恶,便是多了这分意思,便不是廓然大公。《尚书》所谓'无有所好,无有作恶',方是本体。所以说'有所忿懥好乐,则不得其正'。正心只是在诚意工夫里面体察自己的心体,常使心如明镜一般透彻,如秤杆一般恒定,这便是未发之中。"

点评

本条再论诚意问题。阳明认为诚意是贯穿《大学》工夫系统的核心,而诚意须保持心的虚灵本体,不能执一分意思,因为从本体意义上讲,心之本体是"原无一物"的。其实,在第101条的"无善无恶者理之静""圣人无善无恶,只是无有作好,无有作恶"以及第21条的"心如明镜"、第32条的"虚灵不昧"等观点论述中,我们已经可以看到阳明强调的心体"原无一物"这层道理。这里阳明又引用朱子的"鉴空衡平"的比喻,进一步强调诚意的目标就在于保持心体的虚灵性(即朱子所谓的"湛然虚明")。因为,只有这样才能保证心体的"随感而应",犹如一面明镜须先保持自身的明亮本体,然后才能"无物不照"(第21条)、"随物见形"(第167条)。

3

蔡希渊[1]问:"文公《大学》新本先格致而后诚意工夫,似与首章次第相合。若如先生从旧本之说,即诚意反在格致之前。于此尚未释然。"

先生曰:"《大学》工夫即是明明德,明明德只是个诚意,诚意的工夫只是格物致知。若以诚意为主,去用格物致知的工夫,即工夫始有下落。即为善去恶,无非是诚意的事。如新本先去穷格事物之理,即茫茫荡荡,都无着落处。须用添个敬字,方才牵扯得向身心上来。然终是没根源。若须用添个敬字,缘何孔门倒将一个最紧要的字落了,直待千余年后要人来补出?正谓以诚意为主,即不须添敬字。所以举出个诚意来说,正是学问的大头脑处。于此不察,直所谓毫厘之差,千里之谬。大抵《中庸》工夫只是诚身,诚身之极便是至诚。《大学》工夫只是诚意,诚意之极便是至善。工夫总是一般。今说这里补个敬字,那里补个诚字,未免画蛇添足。"（《集评》本第129条）

译文

蔡希渊问:"朱子的《大学》新本先格致而后诚意工夫,似与首章次序相符合。如像老师从旧本之说,则诚意反而在格致前面,此处我还不能看明白。"

---

1 蔡希渊：蔡宗兖,字希渊,号我斋,山阴(今浙江省绍兴市)人,正德十二年(1517)进士,阳明早年弟子。

阳明答："《大学》的工夫就是明明德，而明明德只是个诚意。诚意的工夫只是格物、致知。若以诚意为主，去做格物、致知工夫，则工夫才有下手处，如此为善去恶无非是诚意的事。像《大学》新本先去穷格事物之理，就茫茫荡荡，没有着落，须是再添一个'敬'字，才能牵涉到身心上来，但终究没有根源。如果必须添上个'敬'字，那为什么孔门倒将这么一个最紧要的字漏了，而要等到千余年之后才补出来？所以我说以诚意为主，则不须添'敬'字。因此提出个诚意来说，正是学问的大头脑处。对此不能明察，真是所谓毫厘之差、千里之谬了。大概《中庸》的工夫只是诚意，诚意之极致，便是至诚；《大学》的工夫只是诚意，诚意之极致便是至善。工夫总是如此这般。如今这里补个敬，那里又补个诚，未免画蛇添足！"

点评

阳明反对程朱的《大学》改本，主张采用《大学》古本（即《礼记》中的《大学》原本），而且指出《大学》最重要的工夫条目是"诚意"。阳明将格物的"物"字解释为意之所在、意之所向、意之所着或意之所之，如此一来，格物就须在"意"上落实，也就把格物工夫化解为诚意工夫。及至晚年提出致良知教以后，阳明更是将良知提升为意之主宰，于是，诚意便是致良知，而格物就被致良知所取代。

4

来书云:"近时学者,务外遗内,博而寡要。故先生特倡'诚意'一义,针砭膏肓,诚大惠也。"

吾子洞见时弊如此矣,亦将何以救之乎?然则鄙人之心,吾子固已一句道尽,复何言哉?复何言哉?若诚意之说,自是圣门教人用功第一义,但近世学者,乃作第二义看。故稍与提掇[1]紧要出来,非鄙人所能特倡也。(《集评》本第130条)

译文

来信说:"近来学者务外遗内,博而寡要,故老师特意提倡'诚意'一义,真乃针砭时弊之高论,诚为有大用。"

你能洞见时弊如此,将何以救之呢?然则我之心意,你已经用一句话道尽,夫复何言?夫复何言?"诚意"之说,本来就是圣门教人用功的第一义,但近世学者却作第二义看,故稍稍提出来,不是我特意去提倡的。

点评

此封书信作于嘉靖四年(1525),此时,阳明早已提出"致良知",而在此阳明仍称"诚意之说,自是圣门教人用功第一义",这虽然是

---

[1] 提掇(duō):提举、提起。

因顾东桥之问而作回复，但也表明在致良知学说之后，阳明仍然坚持《大学古本序》中"《大学》之要，诚意而已矣"的立场。因为在阳明看来，诚意与致良知在工夫上其实是一致的。因为，阳明所理解的"诚"含有真诚恻怛之意，而这也正是良知本体的含义，即最为真实无妄而又充满道德情感的存在。

四 知行合一

题解

"知行合一"是阳明心学的重要命题之一，基于"心即理""心体良知"等说法，阳明提出"知是行的主意，行是知的功夫；知是行之始，行是知之成"以及"一念发动即是行"。此类思想观点对当时流行的朱子"知先行后"说形成极大冲击，一经提出，便面临弟子以及学友的不断询问乃至质疑与批评。在与顾东桥的论辩中，阳明详细阐述了自己何以提出"知行合一"及其思想内涵。

在知行问题上，王船山的思考极富意义，他基于知行"各有功效而相资"的立场，一方面承认知行"功可得而分"，那么"可立先后之序"；另一方面指出"先后又互相为成"，所以说"可云并进而有功"。（《读四书大全说》）船山既批评程朱截然立个"知先行后"，特别批评朱子后学沉溺于训诂辞章之学，称此是"离行以求知"；又批评象山[1]、阳明"知行合一"，认为其"知者非知，亦惝然若有所见也。行者非行，则确乎其非行，而以其所知为行也"，而这就是"销行以归知，终始于知"。（《尚书引义》）可见，船山将朱子、阳明对知行问题的思考推

1　象山：指陆九渊（1139—1193），字子静，号象山，抚州金溪（在今江西省）人，"陆王心学"的代表人物。

向一个新的综合高度。

1

爱因未会先生知行合一之训,与宗贤[1]、惟贤[2]往复辩论,未能决。以问于先生。

先生曰:"试举看。"

爱曰:"如今人尽有知得父当孝、兄当弟者,却不能孝,不能弟,便是知与行分明是两件。"

先生曰:"此已被私欲隔断,不是知行的本体[3]了。未有知而不行者。知而不行,只是未知。圣贤教人知行,正是要复那本体,不是着你只恁[4]的便罢。故《大学》指个真知行与人看,说'如好好色''如恶恶臭'。见好色属知,好好色属行。只见那好色时,已自好了。不是见了后,又立个心去好。闻恶臭属知,恶恶臭属行。只闻那恶臭时,已自恶了。不是闻了后,别立个心去恶。如鼻塞人虽见恶臭在前,鼻中不曾闻得,便亦不甚恶,亦只是不曾知臭。就如称某人知孝,某人知

---

1 宗贤:即黄绾。
2 惟贤:顾惟贤(1483—1565),名应祥,号箬溪,浙江长兴人,少从阳明门下。著有《惜阴录》《崇雅堂文集》等。
3 本体:本然状态。
4 恁(nèn):如此。

弟，必是其人已曾行孝行弟，方可称他知孝知弟。不成只是晓得说些孝弟的话，便可称为知孝弟。又如知痛，必已自痛了，方知痛。知寒，必已自寒了。知饥，必已自饥了。知行如何分得开？此便是知行的本体，不曾有私意隔断的。圣人教人，必要是如此，方可谓之知。不然，只是不曾知。此却是何等紧切着实的工夫。如今苦苦定要说知行做两个，是甚么意？某要说做一个，是甚么意？若不知立言宗旨[1]，只管说一个两个，亦有甚用？"

爱曰："古人说知行做两个，亦是要人见个分晓，一行做知的功夫，一行做行的功夫，即功夫始有下落。"

先生曰："此却失了古人宗旨也。某尝说知是行的主意，行是知的功夫，知是行之始，行是知之成。若会得时，只说一个知，已自有行在。只说一个行，已自有知在。古人所以既说一个知，又说一个行者，只为世间有一种人，懵懵懂懂的任意去做，全不解思惟省察。也只是个冥行妄作。所以必说个知，方才行得是。又有一种人，茫茫荡荡，悬空去思索，全不肯着实躬行，也只是个揣摸影响。所以必说一个行，方才知得真。此是古人不得已，补偏救弊的说话。若见得这个意时，即一言而足。今人却就将知行分作两件去做，以为必先知了，然后能行。我如今且去讲习讨论做知的工夫，待知得真了，方去做行的工夫。故遂终身不行，亦遂终身不知。此不是小病痛，其来已非一日矣。某

---

[1] 立言宗旨：即思想宗旨，为王阳明的口头禅。据《传习录》下卷的记载，阳明即便在晚年提出致良知之后，仍强调知行合一是其立言宗旨。

今说个知行合一，正是对病的药。又不是某凿空杜撰。知行本体，原是如此。今若知得宗旨时，即说两个亦不妨。亦只是一个。若不会宗旨，便说一个，亦济得甚事？只是闲说话。"（《集评》本第5条）

译文

徐爱因未能理解阳明"知行合一"的说法，与黄绾和顾应祥反复辩论，仍未能最后解决这个问题。于是向阳明请教。

阳明说："不妨举个例子来说说看。"

徐爱说："今天的人都知道对父母应该孝顺，对兄长应该尊敬，但往往不能孝顺、不能敬重，可见知与行分明是两件事。"

阳明答："这已经是被私欲隔断了，不是知行的本体了，哪有知而不行的？知而不行，只是没有真正知道。圣贤教人知行，正是要恢复那知行的本体，并非随便地说怎样去知与行便了事。所以，《大学》指出一个真知行，说'如好好色''如恶恶臭'，见好色属知，喜欢好色便是行，只见那好色时候便喜好它了，不是见了后才起一个心去喜好。闻到恶臭属知，讨厌恶臭是行，只闻那恶臭时便开始讨厌了，不是闻了后才起一个心去讨厌。譬如一个人如果鼻塞，虽发现恶臭在跟前，因为鼻子不能闻到，所以便不会去讨厌，这就是不曾知道恶臭。再比如说某人知道孝顺父母，某人知道敬重兄长，必定是他已经做孝顺父母、尊敬兄长的事了，方才称他知道孝顺、知道敬重，难不成只讲些孝顺父母、敬重兄长的话，就称他知道孝顺、知道尊敬？又比如知道疼痛，必定是真正体会到疼痛了，才是知道疼痛；知道寒冷，必定是亲身感觉到寒冷；知道饥饿，必定是真实感觉到饥饿。知行怎么能够分开呢？这个便是知行的本体，是不曾被私意隔断的。圣人教人，必定是如此，才称为知道，不然就不能说是知道。此是学者紧要着实的工夫。如今定要说知行是两个，是什么意思？我说一个，是什么意思？如果不能领会我的立言宗旨，说一个两个，又有什么用？"

徐爱说："古人分知行为两个，也是要人认得清楚，一方面做知的功夫，一方面做行的功夫，这样功夫才有下手处。"

阳明答："这样说便是失去了古人宗旨。我曾说'知是行的主意，行是知的功夫；知是行之始，行是知之成'。若是能够领会我说这话的主旨，只说一个知，便有行在；只说一个行，便有知在。古人之所以说有一个知、一个行，只是因为世间有这样一种人，只会懵懵懂懂去做事，却不去思索省察，如此只是盲目做事，所以须说一个知，才会有正确的行为。又有一种人茫茫荡荡，悬空去思索，不肯着实躬行，如此也只是揣摩影响而已，所以须说一个行，才会有真正的知识。这是古人为了纠偏补弊，不得已的说法，如果能认识到这层意思，便一句话就足够了。如今的人却非要分知行为两件事去做，认为必先知了，才能去行。于是我只去做讲习讨论知的工夫，等真正知道了，方才去做行的工夫，以至于终身不能行，也终身不能知。此不是个小病痛，其由来也非一天了。如今我说个知行合一，正是治病的药，但又不是我悬空杜撰的，知行本体，本来如此。今日若是知道这一宗旨，即便说知行为两个，也不妨碍。也只是合一。若是不知道这一宗旨，便说合一，又有什么用处？只是嘴上说说而已。"

点评

"知行合一"是阳明"龙场悟道"后最早有明确记录的一个思想主张,语见《阳明年谱》"正德四年四月"条。然而这与朱子学中"知先行后"等观点截然不同,自提出之初,就不断招致质疑。

阳明在此提出"知是行的主意,行是知的功夫"和"知是行之始,行是知之成"这两句命题,是主张"知"是"行"的主导,"行"是"知"的结果。这是在良知学意义上讲"知行"问题,即所谓"知"是指良知,而"行"则是指良知的落实。因此,前一句命题的意思是说,良知是行为的主宰(主意),良知之行是良知的落实(功夫);后一句命题的意思是说,良知的道德意识一旦启动,就意味着良知已处在行为的过程中(始),而道德意识的启动(良知之行)便已经是良知的具体落实(成)。

为了说明这一点,阳明以《大学》"好好色""恶恶臭"为例,强调良知作为一种判断是非善恶的能力,犹如见到恶臭便生厌、看到美人便喜欢一般,容不得丝毫的扭捏作假。正是在此意义上,"知"与"行"就处在动态的合一过程中,这就叫作"知行本体",即"知行"本来应有的理想状态。可见"良知"不仅是一种有关于是非善恶的道德知识,更是一种"好善恶恶"的道德动力,故而可直接地展现为"行",同时,好善恶恶之"行"也意味着道德之"知"的启动。这样一种知行的合一状态,也就是"知行本体原是如此"的状态,所以阳明说,不是他硬要把知行"说作一个",而是两者本来就是"一个"工夫过程。

2

知者行之始。行者知之成。圣学只一个功夫。知行不可分作两事。

(《集评》本第26条)

译文

知是行的开始,行是知的完成。圣学只一个功夫,知行不可分作两件事。

点评

上引一条中"知是行的主意,行是知的功夫;知是行之始,行是知之成",这里重复出现后一句,说明这个说法是阳明论述知行合一问题时非常重要的核心观点。根据本条所强调"圣学只一个功夫",此可从阳明致良知的角度看,良知之知是致良知之行的发端(始),而致良知之行也就是良知的落实(成)。换言之,我们不能将这里所说的"始"与"成"置于"知先行后"的理论构架中来解释,这是因为儒家所讲的工夫原是一个,其中已经内含知行合一,在工夫论意义上,"知行不可分作两事"。

3

来书云:"所喻知行并进,不宜分别前后。即《中庸》尊德性而道问学之功,交养互发,内外本末,一以贯之之道。然工夫次第,不能无先后之差。如知食乃食,知汤乃饮,知衣乃服,知路乃行。未有不见是物,先有是事。此亦毫厘倏忽之间。非谓有等今日知之,而明日乃行也。"

既云交养互发,内外本末,一以贯之,则知行并进之说,无复可疑矣。又云工夫次第,不能不[1]无先后之差。无乃自相矛盾已乎?知食乃食等说,此尤明白易见。但吾子为近闻[2]障蔽,不自察耳。夫人必有欲食之心,然后知食。欲食之心即是意,即是行之始矣。食味之美恶,必待入口而后知。岂有不待入口,而已先知食味之美恶者邪?必有欲行之心,然后知路。欲行之心即是意,即是行之始矣。路歧之险夷,必待身亲履历而后知。岂有不待身亲履历而已先知路歧之险夷者邪?知汤乃饮,知衣乃服。以此例之,皆无可疑。若如吾子之喻,是乃所谓不见是物,而先有是事者矣。吾子又谓此亦毫厘倏忽之间,非谓截然有等今日知之,而明日乃行也。是亦察之尚有未精。然就如吾子之说,则知行之为合一并进,亦自断无可疑矣。(《集评》本第132条)

---

1 不:衍字。
2 近闻:近来的见闻,借指程朱理学,特指朱子学的"知先行后"说。

译文

来信说:"您所宣扬的'知行并进,不应该分别先后'的说法,也就是《中庸》'尊德性'与'道问学'两个功夫,交互为用,内外本末一以贯之。然而工夫次第不能无先后之别,就像必先知食物然后吃,必先知热水然后喝,必先知道衣服然后穿,必先知道路然后走,未有不见这些事物就预先做这件事的。当然知行之间也是毫厘倏忽之间而已,不是说今天知道,明天才去行。"

既然说"交互为用,内外本末,一以贯之",那么知行并进的说法就是确定无疑的了。但又说"工夫次第,不能无先后之别",岂不是自相矛盾吗?您"先知食物然后吃"等比喻更是简易明白,只是您被朱子等知先行后的说法所蒙蔽,自己不能觉察而已。人必须先有想吃的心,然后才能知食物。想吃的心便是意,便是行的开始。吃的东西好与不好必须入口才能知道,哪有不待入口便知道食物的好与不好?必先有想走的心,然后知道路。这个想走的心便是意,便是行的开始。路途的平坦或崎岖,必须亲身走过才能知道,哪有不亲身体验便知道路途的平与歧?像知道热水然后喝,知道衣服然后穿,都可以此类推而没有什么可疑的。如果是像你所说的,那就是所谓没见到这一物,便先有这件事了。你又说此间有毫厘之差别,不是截然划定今日去知,明天去行。这个说法,也是你考察还不够精确造成的。然而就如你说,则知行合一并进,断然是没有什么可疑的。

点评

本条是针对顾东桥质疑"知行合一"说而做的第一个答复。按照顾东桥的看法，知与行之间存在一定的时间差，哪怕是"毫厘倏忽"的差异，如"知食乃食，知汤乃饮，知衣乃服，知路乃行"等事例，并提出"未有不见是物，先有是事"的观点。这无疑是典型的朱子学"知先行后"说。

对此，阳明举例反驳道："欲食之心即是意，即是行之始矣。""欲行之心即是意，即是行之始矣。"这里的关键在于心即是意，而意识一旦启动，便意味着已经是"行"的开始。因此，一个人如果有"欲食之心"，便意味着这个人已经有了吃东西的意愿，一旦有了意愿，就意味着意的启动，这就意味着相应的行为已经发生。此即阳明所谓"一念发动处便即是行"（《集评》本第226条）的观点。

问题是，阳明的这个说法能否说服顾东桥呢？看来未必。因为，"知食"或"知路"的"知"为何等同于意愿的"欲食之心"或"欲行之心"，显然需要另一番讨论。这就涉及何谓"知"的问题。假设"知食"或"知路"是一种单纯的知识活动，是有关食品或道路的某种知识，那么，了解这种知识是否便意味着这个人必然吃这个食品或走这条道路？回答是否定的。退一步讲，即便这个人的确有想吃这个东西的欲望，那也应当是在"知食"之后，哪怕这里的先后只有非常短暂的瞬间差异，但毕竟仍有时间差。由此看来，如何理解这里的"知"才是问题的关键。所以，接下来的讨论就进而涉及何谓"知"的问题领域。

4

来书云:"真知即所以为行,不行不足谓之知。此为学者吃紧立教,俾[1]务躬行则可。若真谓行即是知,恐其专求本心,遂遗物理,必有暗而不达之处。抑岂圣门知行并进之成法哉?"

<u>知之真切笃实处,即是行,行之明觉精察处,即是知。</u>知行工夫,本不可离。只为后世学者分作两截用功,失却知行本体,故有合一并进[2]之说。真知即所以为行,不行不足谓之知,即如来书所云"知食乃食"等说可见,前已略言之矣。此虽吃紧救弊而发,然知行之体,本来如是。非以己意抑扬其间,姑为是说,以苟[3]一时之效者也。

专求本心,遂遗物理,此盖失其本心者也。夫物理不外于吾心,外吾心而求物理,无物理矣。遗物理而求吾心,吾心又何物邪?心之体,性也,性即理也。故有孝亲之心,即有孝之理。无孝亲之心,即无孝之理矣。有忠君之心,即有忠之理。无忠君之心,即无忠之理矣。理岂外于吾心邪?晦庵谓"人之所以为学者,心与理而已。心虽主乎一身,而实管乎天下之理。理虽散在万事,而实不外乎一人之心",是其一分一合之间,而未免已启学者心理为二之弊。此后世所以有专求本心,遂遗物理之患。正由不知心即理耳。夫外心以求物理,是以有暗而不达之处。此告子义外之说,孟子所以谓之不知义也。心一而已。以其

---

1 俾:使。
2 合一并进:指朱子的"知行齐头并进""知行常相须"等说。
3 苟:轻率,苟得。

全体恻怛而言，谓之仁，以其得宜而言，谓之义，以其条理而言，谓之理。不可外心以求仁，不可外心以求义，独可外心以求理乎？外心以求理，此知行之所以二也。求理于吾心，此圣门知行合一之教，吾子又何疑乎？《集评》本第133条）

译文

来信说："真知即是去行，不行不足称知，这是学者吃紧成教之处，务必要努力实践才可。若真认为行便是知，恐怕会造成一味求本心，而遗缺万物之理，产生灰暗而不明之处，这难道是圣门知行并进的定法？"

知的真切笃实处便是行，行的明觉精察处便是知，知行工夫本来就不可分离。只因后世学者将之分为两截工夫，失去了知行本体，所以有合一并进的说法。"真知即是去行，不行不足称知"，您来信所说的"知道食物然后吃"等比喻就可说明，前面已经讨论过了。此虽是吃紧挽救时弊的说法，然而知行的本体本来就是如此，并非我因一己之见来妄加评说，故意如此说，以求得一时的信任。

"专求本心，遂遗物理"，这大概是针对失去本心者来说的。万物之理不外在于吾心，在吾心外寻求万物之理，也就没有万物之理；遗失万物之理而专求吾心，不知吾心是何物呢？心之体，便是性，性便是理。所以有孝敬父母的心，便有孝的理；没有孝敬父母的心，便没有孝的理。有忠君的心，便有忠君的理；没有忠君的心，便没有忠君的理。理难道在我心外吗？朱子说"人之所以为学者，在于心与理而已。心虽是身体之主宰，而实际是管天下之理；理虽是分散在万事之中，而实际上不外于一人之心"，朱子这样一分一合的说法，未免启发学者分心与理为二。所以后世才有"专求本心而会遗失物理"的担忧，正因为不知心即理。在心之外寻求万物之理，才会有灰暗不明之处，此是告子义外之说，孟子批评他不知义。心只能有一个。从其全体恻怛而言称为仁，从其得宜而言便为义，从其有条理而言便谓之理。不可在心外求仁，不可在心外求义，独可在心外求理吗？在心外求理，所以知行才分为二。在吾心中求理，这是圣门知行合一的教诲，您又有什么可疑虑的呢？

点评

本条是针对顾东桥对"知行合一"说的第二个质疑，顾东桥认为阳明"行即是知"说会导致"专求内心，遗缺物理"。对此，阳明的回答如下："知之真切笃实处，即是行，行之明觉精察处，即是知。"本来，"真切笃实"是就"行"而言的，要求人的行为须认真踏实，现在却用来描述"知"；本来，"明觉精察"是就"知"而言的，指的是"知"具有一种明锐的觉察能力，现在却用来描述"行"。这一互为颠倒的用法，旨在表明在行的过程中已有知的参与，因为一个人的行为不可能没有"知"的引领；在知的过程中，已有行的介入，因为真正被叫作"明觉精察"的"知"必然会带来相应的行动。

而且，无论是"知"还是"行"，都被置于"心体"的统摄之下，即心体良知具有统摄知行活动全过程的能力。也就是说，正是由于心体良知的存在，所以人的知识和行为是同一个过程，都不能摆脱心体良知的直接参与。

最后阳明又用"心即理"命题来论证"知行合一"，将知行问题放在"心即理"命题之下，强调"外心以求理，此知行之所以二也。求理于吾心，此圣门知行合一之教"。

5

夫学、问、思、辨、行，皆所以为学，未有学而不行者也。如言学孝，则必服劳奉养，躬行孝道，然后谓之学。岂徒悬空口耳讲说，而遂可以谓之学孝乎？学射，则必张弓挟矢，引满中的。学书，则必伸纸执笔，操觚染翰。尽天下之学，无有不行而可以言学者。则学之始，固已即是行矣。笃者，敦实笃厚之意。已行矣。而敦笃其行，不息其功之谓尔。盖学之不能以无疑，则有问。问即学也，即行也。又不能无疑，则有思，思即学也，即行也。又不能无疑，则有辨，辨即学也，即行也。辨既明矣，思既慎矣，问既审矣，学既能矣，又从而不息其功焉，斯之谓笃行。非谓学、问、思、辨之后而始措之于行也。

是故以求能其事而言，谓之学。以求解其惑而言，谓之问。以求通其说而言，谓之思。以求精其察而言，谓之辨。以求履其实而言，谓之行。盖析其功而言，则有五，合其事而言，则一而已。此区区心理合一之体，知行并进之功，所以异于后世之说者，正在于是。

今吾子特举学、问、思、辨以穷天下之理，而不及笃行。是专以学、问、思、辨为知，而谓穷理为无行也已。天下岂有不行而学者邪？岂有不行而遂可谓之穷理者邪？明道云："只穷理便尽性至命。"故必仁极仁，而后谓之能穷仁之理。义极义，而后谓之能穷义之理。仁极仁，则尽仁之性矣。义极义，则尽义之性矣。学至于穷理至矣，而尚未措之于行，天下宁有是邪？是故知不行之不可以为学，则知不行之不可以为穷理矣。知不行之不可以为穷理，则知知行之合一并进，而不可以分为两节事矣。

夫万事万物之理，不外于吾心，而必曰穷天下之理，是殆以吾心之良知为未足，而必外求于天下之广，以裨补增益之。是犹析心与理而为二也。夫学、问、思、辨、笃行之功，虽其困勉至于人一己百，而扩充之极，至于尽性、知天，亦不过致吾心之良知而已。良知之外，岂复有加于毫末乎？今必曰穷天下之理，而不知反求诸其心，则凡所谓善恶之机，真妄之辨者，舍吾心之良知，亦将何所致其体察乎？吾子所谓气拘物蔽者，拘此蔽此而已。今欲去此之蔽，不知致力于此，而欲以外求，是犹目之不明者，不务服药调理以治其目，而徒佽佽然求明于其外。明岂可以自外而得哉？任情恣意之害，亦以不能精察天理于此心之良知而已。此诚毫厘千里之谬者，不容于不辨。吾子毋谓其论之太刻也。（《集评》本第136条）

译文

博学、审问、慎思、明辨、笃行，都属于学，没有学了却不实践的。

比如说学孝道，必是服侍奉养，躬行孝道，然后才称为学，岂可口说耳听便自称学孝？学射箭必是张弓拿矢，拉弓中的；学写字必是展纸拿笔，握笔染墨。天下所有的学问，没有不实行就能称为学的，学从一开始就已经包含行了。笃行的笃字是敦实笃厚的意思，笃行就是指已经行了，并能切切实实地行，且不停息的意思。学不能没有疑惑，所以就有审问，审问也就是学，也就是行；不能没有疑惑，所以就有慎思，慎思便是学，便是行；不能没有疑惑，所以就有明辨，明辨便是学，便是行。分辨既明了，思考既慎密，问答既清楚，就算能学了，又能不片刻停息这些工夫，便是笃行。不是学问思辨之后，再去施行。

所以说从能做事的角度说是学，从寻求解除疑惑的角度是问，从希望想通某种说法而言是思，从力图精察其义理而言是辨，从寻求落实、实践的角度是行。分别而言有五种工夫，合起来说就一种工夫而已。此便是我心理合一说法的本体，知行并进的功夫，与世儒说法不同的地方，就在于此。

如今您只列举博学、审问、慎思、明辨为穷天下之理的工夫，却不说笃行，这是认为学问思辨属知，而穷理无须笃行这个工夫。天下哪有不行而称为学的？哪有不行而可称为穷理的？明道说："只需穷理，便是穷尽仁义礼智信之性，以至于实现使命，改变命运。"因此，必是行仁到极致，然后才可以称之为穷尽仁的道理。必是行义到极致，然后才可以称之为穷尽义的道理。行仁到极致，便是穷尽仁的本性。行义到极致，便是穷尽义的本性。学习至于穷尽道理，便是达到目标了，但尚不能将它们运用到实践中去，天下哪有这种事？因此可知，不行不可称为学，不行不可称为穷理，于是可知"知行合一""知行并进"，不能将知行分为两件事。

万事万物的道理，都不在吾心之外，如果必定说穷尽天下之理，这便是认为吾心之良知是不足的，需要求助于心外的广阔天下，来补充增益。这便是将"心与理"分析为二。学、问、思、辨、笃行的工夫，虽然有困勉以至于人一己百的情况，但是等其扩充到极致，以至于尽性、知天，也不过致吾心之良知罢了。良知之外，岂可以再添加毫末？如今，必说穷尽天下的道理，却不知道反求于其心，那么凡是所说的善恶之机、真妄之辨这类问题，如果舍去吾心之良知，将从哪里去体察？你所说的气拘物蔽者，便是拘此蔽此而已。如今，如果想去掉此等遮蔽，反而不在此处用力，而打算到心外去寻求，这就像眼睛看不见的人，不去服药治理眼睛，反而枉然地在外面寻求光明。想要看得见东西怎么可以从外面求得？而那些任情恣意的危害，也是因为不能在此心之良知里面精察天理而已。此确实是差之毫厘、谬以千里，不容不加以辨析。你不要认为我的这些议论太过苛刻。

点评

此条是针对顾东桥"特举学、问、思、辨以穷天下之理，而不及笃行"说法而做的回复，阳明批评顾东桥"专以学、问、思、辨为知，而谓穷理为无行"的说法，反问道："天下岂有不行而学者邪？岂有不行而遂可谓之穷理者邪？"进而提出"不行之不可以为学"以及"不行之不可以为穷理"命题，由此证明"知行之合一并进，而不可以分为两节事矣"。

6

来书云："谓《大学》格物之说，专求本心，犹可牵合。至于《六经》《四书》所载多闻多见，前言往行，好古敏求，博学审问，温故知新，博学详说，好问好察，是皆明白求于事为之际，资于论说之间者。用功节目，固不容紊矣。"

格物之义，前已详悉，牵合之疑，想已不俟复解矣。至于多闻多见，乃孔子因子张之务外好高，徒欲以多闻多见为学，而不能求诸其心以阙疑殆，此其言行所以不免于尤悔，而所谓见闻者适以资其务外好高而已。盖所以救子张多闻多见之病，而非以是教之为学也。夫子尝曰："盖有不知而作之者，我无是也。"是犹孟子"是非之心，人皆有之"之义也。此言正所以明德性之良知非由于闻见耳。若曰"多闻择其善者而从之，多见而识之"，则是专求诸见闻之末而已，落在第二义矣。故曰"知之次也"。

夫以见闻之知为次，则所谓知之上者，果安所指乎？是可以窥圣门致知用力之地矣。夫子谓子贡曰："赐也，汝以予为多学而识之者欤？非也。予一以贯之。"使诚在于多学而识，则夫子胡乃[1]谬为是说以欺

---
[1] 胡乃：为何。

子贡者邪？一以贯之，非致其良知而何？《易》曰："君子多识前言往行，以畜其德。"夫以畜其德为心，则凡多识前言往行者，孰非畜德之事？此正知行合一之功矣。

好古敏求者，好古人之学而敏求此心之理耳。心即理也。学者，学此心也。求者，求此心也。孟子云："学问之道无他，求其放心而已矣。"非若后世广记博诵古人之言词以为好古，而汲汲然惟以求功名利达之具于其外者也。博学审问，前言已尽。温故知新，朱子亦以温故属之尊德性矣。德性岂可以外求哉？惟夫知新必由于温故，而温故乃所以知新，则亦可以验知行之非两节矣。

博学而详说之者，将以反说约也。若无反约之云，则博学详说者果何事邪？舜之好问好察，惟以用中而致其精一于道心耳。道心者，良知之谓也。君子之学，何尝离去事为而废论说？但其从事于事为论说者，要皆知行合一之功。正所以致其本心之良知，而非若世之徒事口耳谈说，以为知者，分知行为两事，而果有节目先后之可言也。（《集评》本第140条）

译文

来信说："认为《大学》格物，是要人专求本心，还算可以；至于《六经》《四书》中记载的多闻多见、前言往行、好古敏求、博学审问、温故知新、博学详说、好问好察这些话语，明明都是在做事情、讨论言说的过程中来探求的。这些格物功夫都是不容紊乱的。"

格物的意思，前面已经详细辨析，想来您对所说的"牵合之疑虑"

也释然了,这里就不多说。至于所引"多闻多见",乃是子张务外好高,以为多闻多见才是学问,不能反求诸内心去祛疑,孔子因此而担心他的言行难免会带来悔恨。孔子说"多闻多见"正是为了救治他这个毛病,而不是以此来教导他做学问。孔子曾经说过:"盖有不知而作之者,我无是也。"这就是孟子所说"是非之心,人皆有之"的意思。这是说德性之知不从见闻中产生。至于"多闻择其善者而从之,多见而识之",则是寻求见闻末节而已,已经落在第二义上去了,所以孔子说这是"知之次也"。

孔子既然把见闻得来的知识看成次要的,那么第一等的知指什么?由此可以看出孔门致知的用功之处。孔子曾对子贡说:"赐啊,你认为我是多学而识之者吗?不是,我是一以贯之。"假使求知果真在于多学而识之,那么孔子为什么要故意说这话来欺骗子贡呢?一以贯之,难道不是致良知吗?《周易》中说"君子多识前言往行,以畜其德",如果以畜其德为目的,则凡多识前言往行者,怎么会不是畜德的事呢?这正是知行合一的功夫。

"好古敏求",是指喜好古人的学问而敏求自己心中的理。心即理也。学者,学习自己的心;求者,求自己的心。孟子说:"学问之道无他,求其放心而已。"并不像后世的学者,只去广记博诵古人的言辞便以为是好古,忙忙碌碌只为寻求功名利达。"博学审问",前面已经说过了。"温故所以知新",朱子也认为"温故"属于"尊德性"。德性岂可以外求?此便是知新由于温故,而温故乃是用来知新,正可验证知行不是两节。

"博学而详说之",为的是反之于约。若没有反约的说法,"博学详说"是为了什么？舜的"好问好察"，正是因为他用中而致其精一于道心。道心，便是良知。君子之学，何尝离去事为而废除论说？但从事于事为论说者，都知道知行合一的工夫，正是用来致其本心的良知，而非如后世从事口耳谈说以为知者，分知、行为两件事而以为有节目之先后。

点评

本条再论"知行合一"。针对顾东桥引用儒家经典中的七句名言，从"多闻多见"直到"好问好察"，阳明一一重新进行解释，得出的结论恰与顾东桥的理解相反，所有这些经典语句无不与其主张的"知行合一"相吻合。

如以"多闻多见"为例，如果单独地看"多闻多见"一词，其意无非是指多多地增强知识见闻。但阳明将此说置入《论语》的整体文本，将《为政》篇所录"多闻阙疑""多见阙殆"与《述而》篇所录"多闻多见""知之次也"的记载整合起来看，发现孔子对"多闻多见"之类的求知行为的评价并不高。如《卫灵公》篇中"赐也，汝以予为多学而识之者欤？非也，予一以贯之"，在阳明看来，孔子所追求的不是"多学而识"，而是"一以贯之"之道。

7

问知行合一。

先生曰:"此须识我立言宗旨。今人学问,只因知行分作两件,故有一念发动,虽是不善,然却未曾行,便不去禁止。我今说个知行合一,正要人晓得一念发动处,便即是行了。发动处有不善,就将这不善的念克倒了。须要彻根彻底,不使那一念不善潜伏在胸中。此是我立言宗旨。"(《集评》本第226条)

译文

问:"知行合一。"

阳明先生答:"这需要认识我立言的宗旨。今人学问,只因为知行分为两个,所以才有一念发动,虽是不善,然而因为未曾行,便不去禁止。我如今说个知行合一,正是要人在一念发动处,便知道这即是行了。发动处有不善,就将这不善的念头克去。需要彻彻底底不使那一念不善潜伏在心中。这就是我立言的宗旨。"

点评

本条就"知行合一"提出了一个重要解释,即"一念发动处,便即是行了"。按字面意思,一念发动,即便没有付诸实施,便已经是一种行了。倘若果真如此,并由此来量罪定刑的话,那么这个世界恐怕将牢狱成灾。很显然,念头闪动并不等于行为的产生,这是一般的常识。然而，阳明却以此为依据来论证"知行合一"，如何理解呢？其实，按照阳明的观点，念不分正邪，就在一念发动的同时，良知自知自觉的机制便随之启动，善的便加以存养，不善的便加以"克倒了"，而且还要"彻根彻底"。

可见，理解"一念发动即是行"的关键在于，在意念与行为的过程当中，阳明预设了良知的存在。也就是说，一念发动便意味着良知的启动，而良知自能察觉意念中的是非善恶，并同时对此做出存养或克除的决断。反之，如果缺乏良知自知的机制而任其念虑转动，即便是邪妄之念也不管不顾，这必将导致知行割裂。可见，在"一念发动即是行"这一说法的背后，其实蕴含着另一更为重要的观点，即意识与行为的活动都须置于良知自知的机制下，才能实现真正的"合一"，这表明意识的启动便意味着与此相应的行为已经开始。

8

门人问曰："知行如何得合一？且如《中庸》言'博学之'，又说个'笃行之'，分明知行是两件。"

先生曰："博学只是事事学存此天理，笃行只是学之不已之意。"

又问："《易》'学以聚之'，又言'仁以行之'，此是如何？"

先生曰："也是如此。事事去学存此天理，则此心更无放失时。故曰：'学以聚之。'然常常学存此天理，更无私欲间断。此即是此心不息处，故曰:'仁以行之。'"

又问:"孔子言'知及之,仁不能守之',知行却是两个了。"

先生曰:"说及之已是行了。但不能常常行,已为私欲间断,便是仁不能守。"

又问心即理之说:"程子云'在物为理'。如何谓心即理?"

先生曰:"在物为理,'在'字上当添一'心'字,此心在物则为理。如此心在事父则为孝,在事君则为忠之类。"先生因谓之曰:"诸君要识得我立言宗旨。我如今说个心即理是如何?只为世人分心与理为二,故便有许多病痛。如五伯攘夷狄,尊周室,都是一个私心,便不当理。人却说他做得当理,只心有未纯,往往悦慕其所为,要来外面做得好看,却与心全不相干。分心与理为二,其流至于伯道之伪而不自知。故我说个心即理,要使知心理是一个,便来心上做功夫,不去袭义于外,便是王道之真。此我立言宗旨。"

又问:"圣贤言语许多,如何却要打做一个?"

曰:"我不是要打做一个,如曰'夫道一而已矣',又曰'其为物不二,则其生物不测'。天地圣人皆是一个,如何二得?"（《集评》本第321条）

译文

有学生问:"知行怎么合一?比如《中庸》说'博学之',又说'笃行之',知与行分明是两件事情。"

阳明答:"'博学'只是事事学着存这个天理,'笃行'只是学而不已的意思。"

又问:"《周易》说'学以聚之',又说'仁以行之',这要怎么理解?"

阳明答:"也是一样。事事去学着存这个天理,那么自己的心就没有放失的时候,所以说'学以聚之'。然要常常学着存这个天理,就更没有私欲隔断其间,这就是自己的心生生不息的地方,所以说'仁以行之'。"

又问:"孔子说'知及之,仁不能守之',知行仍是两个了。"

阳明答:"说个'及之',就已经是行了,但不能常常去行,已经被私欲隔断了,所以说是'仁不能守'。"

又问"心即理"的说法:"程子说'在物为理',那什么叫'心即理'?"

阳明答:"'在物为理','在'字前应当添一个'心'字。自己的心在物就是理,这样,心在侍奉父母这件事上便是孝,在侍奉君主这件事上便是忠。诸如此类。"阳明因而说:"你们要懂得我立言的宗旨。我如今说心即理,只是因为世人强分心与理为两个东西了,所以就产生了许多病痛。比如说春秋五霸尊王攘夷,都只为一个私心,这就是不合理。但是人们却说他们做得合理,只是因为人们心里不纯净,往往羡慕他们的所作所为,只要求外面做得好看,却与内心完全不相干。将心与理分为两件事,其结果就是做个霸者却不自知。所以我说个心即理,要让人知道心与理就是一回事,于是在心上做功夫,不去外面寻求、假借所谓的义,这就是王道的真谛,这就是我立言的宗旨。"

又问:"圣贤有这么多言语,为什么却要打作一个?"

阳明答:"我不是要打作一个,如说'夫道一而已矣',又说'其为物不二,则其生物不测'。天地圣人都是一个,如何分别为二?"

点评

本条涉及"知行合一"与"心即理"两个命题。阳明对儒家经典中通常被理解为知行为二的种种说法,进行了一番再诠释,用来论证其"知行合一"思想。关于"心即理",阳明再次重申这是"我立言宗旨",尽管晚年提出致良知教,但他仍然坚持龙场悟道后的"心即理"命题是自己思想的"立言宗旨"。事实上,阳明也曾多次表示"致良知"或"知行合一"是他的立言宗旨,甚至晚年提出的"四句教"也是其"立言宗旨",似乎可以有复数的"宗旨"存在。但是,这些"宗旨"其实是互相涵摄、彼此打通的。从哲学的立场上看,"心即理"无疑是阳明心学得以挺立的第一命题,如果放弃了"心即理"的立场,那么其他诸如"知行合一"或"致良知"的思想观点就会变成无源之水、无根之木。阳明学之所以被称作"心学"的根本缘由也正在此。

五 知是心之本体

题解

    阳明在提出"心即理"命题后不久,便提出"知是心之本体,心自然会知",可见,"良知"理论虽然在其晚年才被正式提出,但在其思想形成的前期已经有所体现,这是因为"知是理之灵处。就其主宰处说,便谓之心;就其禀赋处说,便谓之性"。在此意义上,阳明强调"良知之外,别无知"。而且在此前提下,阳明无疑也承认"见闻莫非良知之用",因此说"良知不滞于见闻亦不离于见闻"。可以说,阳明关于良知与见闻关系的论述,是北宋以来关于德性之知与闻见之知关系思考的延续。

1

    又曰:"知是心之本体,心自然会知。见父自然知孝,见兄自然知弟,见孺子入井自然知恻隐,此便是良知,不假外求。若良知之发,更无私意障碍,即所谓'充其恻隐之心,而仁不可胜用矣'。然在常人不能无私意障碍。所以须用致知格物之功,胜私复理。即心之良知更无

障碍，得以充塞流行，便是致其知。知致则意诚。"（《集评》本第8条）

译文

阳明又说："知是心的本体，心自然会知。看见父母自然知孝，看见兄长自然知悌，看见小孩落井，自然知恻隐，此便是良知，不假外求。如果良知的发用没有私欲的障蔽，就是孟子所说'充其恻隐之心，而仁不可胜用矣'。然而常人不能无私欲的障蔽，就须做致知格物的工夫，战胜私欲以恢复天理，如此心之良知便没有障碍，能够充塞流行，这就是致其良知的工夫。能致其良知便是能够诚其意。"

点评

"知是心之本体"之"知"，根据下文"此便是良知"可知，显是指良知。一般认为，阳明49岁时才明确提出"致良知"的思想，明确提出"良知者心之本体"（《集评》本第152条）的命题，而环视整部《传习录》上卷，只有两次出现"良知"概念（另一处见《集评》本第107条）。然而，根据徐爱此处的记录，可知阳明对良知问题已经有了明确的意识。

更重要的是，依照阳明此处"心自然会知"的论述，可以确定这就是阳明晚年再三强调的"良知自知"思想，其意是说，良知作为一种根源性道德意识，使人具有一种自己知道自己应该怎么做与是非对错的判断力。所以，只需完全信赖、依靠自我良知的"自知"能力即可。因此，"良知自知"可谓是良知学的基本要义，是阳明在龙场悟道之后不久便悟出的一个道理，只是良知理论的完成则要到他49岁之后。

2

问："名物度数[1]，亦须先讲求否？"

先生曰："人只要成就自家心体，则用在其中。如养得心体果有未发之中，自然有发而中节之和，自然无施不可。苟无是心，虽预先讲得世上许多名物度数，与己原不相干，只是装缀临时，自行不去。亦不是将名物度数全然不理，只要'知所先后，则近道'。"

又曰："人要随才成就，才是其所能为。如夔[2]之乐、稷[3]之种，是他资性合下[4]便如此。成就之者，亦只是要他心体纯乎天理。其运用处，皆从天理上发来，然后谓之才。到得纯乎天理处，亦能不器。使夔、稷易艺而为，当亦能之。"

又曰："如'素富贵，行乎富贵，素患难，行乎患难'，皆是不器，此惟养得心体正者能之。"（《集评》本第67条）

---

1 名物度数：物之名，如鸟兽草木皆有其名；度之数，如礼乐刑政皆有其数。泛指各种事物制度的名称及其知识。
2 夔（kuí）：相传为尧舜时的乐官。
3 稷（jì）：相传尧舜时执掌农事之官。
4 合下：俗语，意同"当下""现在"。

译文

问:"事物制度的名称及其知识这类事情须要先讲求吗?"

阳明回答:"人只要成就自家心体,那么用就在其中。如果存养得心体果有未发之中,那么自然有发而中节之和,做起事情来自然无有不可。如果没有存养此心,那么即便先讲求世上许多名物度数,也是与己原不相干,只是点缀而已,临到做事便不能推行此心。当然也不是全然不去理会名物度数,只是要知道个'先后',这才是'近道'。"

又说:"人要随才成就,才是他能够有所作为的。比如夔擅长音乐,稷擅长农事,是他们天性当下就是如此。其有所成就的原因,也只是他心体能够做到纯乎天理。其所运用处,都是从天理上发出来的,然后才称之为他的才干。而且等达到纯乎天理的境界,其才能也不仅限于某一方面。假使夔、稷互换彼此的技艺,也是能够胜任的。"

又说:"如《大学》'素富贵,行乎富贵,素患难,行乎患难'之说,都是表达人的才能不局限于某一方面,这是唯有养得心体正者才能够做到的。"

点评

本条讨论的仍然是知识与道德孰先孰后的问题。如上所述,阳明一贯主张人凡事须先就自己"心体"上体认,由"心体"出发,才能正当使用各种知识。如果放弃"心体"立场,仅追求"名物度数"等所谓外在的客观知识,那么,所获得的知识与自己的身心毫不相干,其结果就是知识仅是一种装饰,对于自家心体的道德实践并没有什么助益。因此，对于阳明而言，先做人而后做学问，这一心学立场不可松动。先做人也就是要求首先做到调养得自家心体"纯乎天理"，然后所学的知识便自然"皆从天理上发来"，各种名物度数等客观知识才能发挥其应有的正当作用。

3

问："圣人应变不穷，莫亦是预先讲求否？"

先生曰："如何讲求得许多？圣人之心如明镜。只是一个明，则随感而应，无物不照。未有已往之形尚在，未照之形先具者。若后世所讲，却是如此。是以与圣人之学大背。周公制礼作乐，以文天下。皆圣人所能为。尧舜何不尽为之，而待于周公？孔子删述《六经》，以诏万世，亦圣人所能为，周公何不先为之，而有待孔子？是知圣人遇此时，方有此事。只怕镜不明，不怕物来不能照。讲求事变，亦是照时事。然学者却须先有个明的工夫。<u>学者惟患此心之未能明，不患事变之不能尽。</u>"

曰："然则所谓'冲漠无朕，而万象森然已具'者，其言何如？"

曰："是说本自好。只不善看，亦便有病痛。"（《集评》本第21条）

译文

问："圣人应变不穷，是不是也要事先讲求？"

阳明答:"怎么讲求得这么多？圣人的心如明镜，只是一个明，自然随感而应，无物不照。哪有已过之形尚在而未照之形先在的道理？而后世俗儒却持这种观点，这与圣人之学相违背。周公制礼作乐，文明天下，既然是圣人都能做的事情，尧舜为什么不做而要等到周公？孔子删述《六经》，以教化后世，也是圣人能做的事情，周公为什么不做而要等到孔子？可知圣人要遇到这种时代，方才做出这种事业。学者应只怕自己的镜子不明澈，不应怕物不来照。讲求随机应变，是照物时的工夫，而学者必须先有个使心明澈的工夫。学者当忧患此心不明澈，无须忧患事变不能穷尽。"

问:"那么所谓的'冲漠无朕，而万象森然已具'，这话是什么意思？"

阳明答:"这是说本来就很好。但是因为不善看，便会产生问题。"

点评

本条涉及的依然是心体与知识的关系问题。对圣人在应对事物之际，是否既能做到"应变无穷"又能做到"预先讲求"之问，阳明的回答很明确。在事物未至之前，"预先"做一番"讲求"的准备，这是圣人所不为的，因为"圣人之心如明镜"；而事物在"明镜"之前，自能照亮自身，不须刻意安排，故圣人之心无须"讲求得许多"。因此说，一个人的心灵状态若能做到如"明镜"一般，则"随感而应，无物不照"，一切事物的本来样态在人心"明镜"之前，必然应感而发。反之，如果说在事物未遇"镜子"之前，其形状已经"预先"存在于"镜子"

之中，这是根本不可能之事。

4

惟乾[1]问："知如何是心之本体？"

先生曰："知是理之灵处，就其主宰处说便谓之心，就其禀赋处说便谓之性。孩提之童，无不知爱其亲，无不知敬其兄。只是这个灵能不为私欲遮隔，充拓得尽，便完全是他本体，便与天地合德。自圣人以下，不能无蔽，故须格物以致其知。"（《集评》本第118条）

译文

惟乾问："知怎么会是心之本体？"

阳明答："知是理的灵妙处，就其主宰来说是心，就其禀赋来说是性。孩提之童，没有不知道爱其父母、没有不知道敬其兄长的，只是这个灵妙不被私欲所遮蔽，扩充出去，便完全是他的本体，与天地合德。自圣人以下，不能无遮蔽。所以须有'格物'以达致其良知。"

点评

冀元亨在这里提出的问题，是接着徐爱所录的第8条"知是心之

---

[1] 惟乾：冀元亨（1482—1521），字惟乾，号闇斋，楚之武陵（今湖南省常德市）人。

本体，心自然会知"而来。根据我们对第8条的分析，可知阳明所说的"知"便是良知，因此本条中出现的几个"知"字，事实上，指的都是良知。这是理解本条的一个前提。阳明在此进一步强调良知是天理的一种显现，而这种显现必经由心体才有可能，由于心体具有"随感而应"（见《集评》本第21条）的灵妙之特征，所以说良知是心体天理的灵妙处。

重要的是，作为心之本体的良知正如孟子所说的那样，是不学而知、不虑而能的良知良能，只要不被私欲遮蔽，将其推广扩充到底，便是自足圆满的心之本体，便能实现圣人那般"与天地合其德"。然而，圣人以下的一般凡人在超凡入圣的过程中，心体不免受到种种外来物的负面影响，因此有必要通过格物（正其心之物）以"致其知"，这里最后的三个字"致其知"，按照上述的脉络来看，实质上也就是致良知，而不是朱子学意义上的尽物之知。至此可见，阳明的"致良知"学说已经呼之欲出了。

5

"道之大端，易于明白"，此语诚然。顾后之学者忽其易于明白者而弗由，而求其难于明白者以为学。此其所以"道在迩而求诸远，事在易而求诸难"也。孟子云："夫道若大路然，岂难知哉？人病不由耳。"良知良能，愚夫愚妇与圣人同。但惟圣人能致其良知，而愚夫愚妇不能致。此圣愚之所由分也。节目时变，圣人夫岂不知？但不专以此为学。而其所谓学者，正惟致其良知，以精察此心之天理，而与后世之学不同耳。吾子未暇良知之致，而汲汲焉顾是之忧，此正求其难于明白者以为学之弊也。

夫良知之于节目时变，犹规矩尺度之于方圆长短也。节目时变之不可预定，犹方圆长短之不可胜穷也。故规矩诚立，则不可欺以方圆，而天下之方圆不可胜用矣。尺度诚陈，则不可欺以长短，而天下之长短不可胜用矣。良知诚致，则不可欺以节目时变，而天下之节目时变不可胜应矣。毫厘千里之谬，不于吾心良知一念之微而察之，亦将何所用其学乎？是不以规矩而欲定天下之方圆，不以尺度而欲尽天下之长短。吾见其乖张谬戾，日劳而无成也已。

吾子谓语孝于温凊定省。孰不知之？然而能致其知者鲜矣。若谓粗知温凊定省之仪节，而遂谓之能致其知，则凡知君之当仁者，皆可谓之能致其仁之知。知臣之当忠者，皆可谓之能致其忠之知，则天下孰非致知者邪？以是而言，可以知致知之必在于行，而不行之不可以为致知也明矣。知行合一之体，不益较然矣乎？

夫舜之不告而娶，岂舜之前已有不告而娶者为之准则，故舜得以考之何典，问诸何人，而为此邪？抑亦求诸其心一念之良知，权轻重之宜，不得已而为此邪？武之不葬而兴师，岂武之前已有不葬而兴师者为之准则，故武得以考之何典，问诸何人，而为此邪？抑亦求诸其心一念之良知，权轻重之宜，不得已而为此邪？使舜之心而非诚于为无后[1]，武之心而非诚于为救民，则其不告而娶，与不葬而兴师，乃不孝不忠之大者。而后之人不务致其良知，以精察义理于此心感应酬酢之间。顾欲悬空讨论此等变常之事，执之以为制事之本，以求临事之无失。其亦远矣。其余数端，皆可类推。则古人致知之学，从可知矣。

（《集评》本第139条）

译文

来信中说"道之大端，易于明白"，这句话固然不错，但恐怕后之学者，往往忽略这些易于明白的大端，反而以难以明白者为学，这正是孟子所说"道在迩而求诸远，事在易而求诸难"。孟子也说过："道就像大路一样，不难知，只是担心人不能从道而已。"良知良能，愚夫愚妇都与圣人一样具有，但唯有圣人能致其良知，而愚夫愚妇不能，这是圣愚的分别。礼节时变之类，圣人岂不知？只不过不以此为学而已。他们所谓的学，正在于致良知，从中精察自己心中的天理，从而与后世的学问不同罢了。您无暇致良知，而汲汲焉为此忧虑，这不正是以难以明白者为学的弊端吗？

良知与礼节时变相比，就像规矩尺度与方圆长短相比一样。礼节时变不能预先设定，就像方圆长短无穷无尽一样。规矩一旦建立，则方形圆形便不能作假，而天下的方形圆形也就不可胜用；尺度一旦成立，长的短的便不能作假，而天下长的和短的也就不可胜用；良知一

---

1 无后：没有子女。语出《孟子·离娄上》："不孝有三，无后为大。"

旦践行，则礼节时变不能相欺，人对天下的礼节时变等也就应对自如了。差之毫厘失之千里，不在自己心中良知的一念细微之处去精察，将何以用此学？这好比不用规矩就想定天下的方圆，不用尺度就想量天下的长短，我只见其乖张谬戾，整天辛劳却一事无成。

您说"在冬温夏清、昏定晨省上说孝，谁人不知"，然而能在此事上致其知者却很少。若说略知冬温夏清、昏定晨省的仪节，便谓之能致其知，那么但凡知道君主当仁的，都可认为他能致其仁的知；知道人臣当忠的，都可认为他能致其忠的知，那么天下有谁不能致知呢？就此可以明白，致知一定要落实到行动中去，没有行动则不可称致知。知行合一的本体，不是愈发清楚吗？

舜不告诉其父母而娶妻，难道是在舜之前已有不告而娶的准则，所以舜能从某部经典中参考，能从某人那里询问，从而做了不告而娶这事？抑或是求诸其心一念之良知，权衡轻重合宜之处，不得已而做这事？武王不安葬其父而发动讨伐纣王的军事行动，难道是武王之前已有不葬而兴师的准则，所以武王能从某部经典中参考，能从某人那里询问，从而做了不葬而兴师这事？抑或是求诸其心一念之良知，权衡轻重合宜之处，不得已而做这事？假使舜的心里不是实实在在出于对"无后为大"的担忧，武王的心不是实实在在出于救民，则其不告而娶，与不葬而兴师，就是大不孝、大不忠。然而后人不在致其良知上用力，反而在此心与外物交互感应的过程中，来精察义理。只顾悬空讨论这些正常和非正常情况下具体的细枝末节，便执定此等细节处便是做好事的根本，借此追求做事时没有过错，这是相差太远了。其余几个问题，都可以此类推。于是，对古人致知的学问，便可以知晓是怎么回事了。

点评

所谓"舜之不告而娶"，是说舜在没有媒妁之言，甚至在没有告知父母的情况下，就擅自娶妻；所谓"武之不葬而兴师"，是说周武王竟然在没有安葬父王周文王的情况下，便兴师讨伐商纣王。这两个案例都属于"变常"之事，对此应当如何理解呢？难道不需要学习相应的知识才能弄清楚其中的是非对错吗？由此可见，知识很重要。

然而阳明却强调规矩尺度是死的，必须顺应"时变"，经典知识也是死的，必须顺应良知活动。对行为进行是非判断，不能硬套规矩尺度或书本知识，而应当看其行为的动机是否顺应自己的良知。结合上述舜和武王的事例来看，阳明认为他们的动机分别出于担心没有子嗣（即"无后"）以及救民于水火，他们凭自己的良知而下判断，不得不做出"变常之事"，这就说明一个人的行为必须诉诸自己心中的"一念之良知"。可见，阳明强调良知才是行为的最终依据。

6

崇一[1]来书云:"师云'德性之良知,非由于闻见'。若曰'多闻择其善者而从之,多见而识之',则是专求之见闻之末,而已落在第二义。"窃意良知虽不由见闻而有,然学者之知,未尝不由见闻而发。滞于见闻固非,而见闻亦良知之用也。今日落在第二义,恐为专以见闻为学者而言。若致其良知,而求之见闻,似亦知行合一之功矣。如何?"

良知不由见闻而有,而见闻莫非良知之用。故良知不滞于见闻,而亦不离于见闻。孔子云:"吾有知乎哉?无知也。"良知之外,别无知矣。故致良知是学问大头脑,是圣人教人第一义。今云专求之见闻之末,则是失却头脑,而已落在第二义矣。近时同志中盖已莫不知有致良知之说,然其工夫尚多鹘突[2]者,正是欠此一问。

大抵学问功夫,只要主意头脑是当。若主意头脑专以致良知为事,则凡多闻多见,莫非致良知之功。盖日用之间,见闻酬酢,虽千头万绪,莫非良知之发用流行。除却见闻酬酢,亦无良知可致矣,故只是一事。若曰致其良知而求之见闻,则语意之间,未免为二。此与专求之见闻之末者,虽稍不同,其为未得精一之旨,则一而已。"多闻择其善者而从之,多见而识之。"既云择,又云识,其良知亦未尝不行于其间。

---

1 崇一:欧阳德(1495—1554),字崇一,号南野,江西泰和人,嘉靖二年(1523)进士,阳明弟子。此书作于嘉靖五年(1526)。

2 鹘(hú)突:混乱,糊涂。

但其用意乃专在多闻多见上去择识，则已失却头脑矣。

崇一于此等处见得当已分晓。今日之问，正为发明此学，于同志中极有益。但语意未莹，则毫厘千里，亦不容不精察之也。《集评》本第168条

译文

崇一来信说："老师说'德性之良知，不由闻见而得'。如说'多闻择其善者而从之，多见而识之'，则是专求之见闻之末，而已落在第二义。我认为良知虽然不由闻见而得，然而学者所掌握的知识未尝不由闻见而生发。如果拘泥于闻见，固然是不对的，应是知道闻见亦良知之用。如今说是落在第二义，恐怕是为那些专以闻见为学的学者而言。如果是只致良知而求闻见，似乎正是知行合一之功。这么说怎么样？"

良知并不由见闻而产生，但见闻乃是良知的作用，所以良知不受制于见闻，但也离不开见闻。孔子说："我有知吗？我无知也。"可见良知之外，别无所谓的知。所以说致良知是学问的大头脑，是圣人教人的第一义。如今说专门寻求见闻的细枝末节，就会失去头脑，已经落在第二义上了。近来同志者大都已经知道致良知的学说，然而他们的工夫尚多突兀，正好缺少像这样的一个问题。

大概而言，做学问下功夫主要是在于头脑端正。若是专注在头脑上，以致良知为功夫，那么凡是多闻多见，都属致良知的功夫。日用之间，见闻应酬，虽然千头万绪，然而没有不是良知的发用流行，除却见闻应酬，也没有良知可致。所以说良知和见闻只是一件事情。如

果说"致良知而求之见闻",言语表达之间未免分为两件事情。这与专门寻求见闻的细枝末节虽然稍有不同,但都没有获得精一的主旨,却是一样的。"多闻择其善者而从之,多见而识之",既说"择",又说"识",可见良知也未尝不行于其间,但其用意仍偏重在多问多见上去择、去识,就已经失去头脑。

崇一在这些地方肯定已经看得明白。今天这一问,正好可以昌明此学说,对同志们是极有帮助的。只是语意之间尚有未透彻的地方,而这些地方是差之毫厘,谬以千里的关键之处,因此不容不做一番精细的考察。

点评

本条是针对欧阳德关于德性之知与闻见之知关系的问题而发。这一问题涉及宋明儒学中德性之知与见闻之知何者为第一性的问题,同时也涉及朱子与陆九渊之间发生的究竟应当以"尊德性"为主还是以"道问学"为主的问题。从哲学上讲,也就是道德与知识的问题。

对此问题,阳明的基本观点有二:首先,良知不由见闻而有,这表明良知作为不学而能、不虑而知的良知良能,是"我固有之"的先天存在,同时良知作为本体存在,不依赖于任何后天的经验条件"而有",即良知是不以见闻之知为条件的独立存在。其次,见闻之知无非是良知本体之发用,如果抽离于良知之外,那么,见闻之知的价值和意义便无法呈现。

阳明有关道德与知识之关系的上述看法,与其"心外无物""心外无理"的心学立场是完全一致的。一切外在的"知识"脱离了心体存在就将变得没有意义。所以说"见闻莫非良知之用"。由此，阳明提出"良知不滞于见闻，而亦不离于见闻"。正是基于上述立场，阳明强调"良知之外，别无知"，进而强调致良知才是儒学"第一义"；反之，专求于见闻之知的知识末节，则已落入"第二义"。

所谓"第一义"与"第二义"，只是表明主次本末的层次差异，并不意味两者完全脱节、毫不相干。因为，良知之体必有发用，良知存在必然展现为具体的知识运用。所以阳明最后又强调只要"主意头脑是当"——意为在良知"头脑"的主宰之下——那么，日用之间、见闻酬酢，就"莫非良知之发用流行"；而如果抽离于"见闻酬酢"，那么"亦无良知可致矣"。这就是强调良知不离见闻的意义所在。

7

圣人无所不知，只是知个天理。无所不能，只是能个天理。<u>圣人本体明白，故事事知个天理所在，便去尽个天理。</u>不是本体明后，却于天下事物，都便知得，便做得来也。天下事物，如名物、度数、草木、鸟兽之类，不胜其烦。圣人须是本体明了。亦何缘能尽知得？但不必知的，圣人自不消求知。其所当知的，圣人自能问人，如子入太庙每事问之类。先儒谓虽知亦问，敬谨之至。此说不可通。圣人于礼乐名物不必尽知。然他知得一个天理，便自有许多节文度数出来。不

知能问，亦即是天理节文所在。（《集评》本第227条）

译文

圣人无所不知，只是知个天理；无所不能，只是能存个天理。圣人本体明白，所以事事能够知个天理所在，便去存个天理；不是本体明后，却须知道天下事物然后才能做得来。天下事物，如名物、度数、草木、鸟兽之类，不胜其数，圣人是本体明了，哪里能全部知道？但有不必知的，圣人也不去知。其所当知的，圣人自能问人，如"孔子入太庙，每事都要问"之类。先儒说"虽知也问，以表敬谨"，此说不可通。圣人于名物度数，不必尽知。然他知得一个天理，便自有许多节文度数出来。不知而能问，也是天理的节文之一。

点评

本条中，借圣人生而知之、无所不知的话题，阳明指出：各种经验知识如名物、度数、草木、鸟兽之类，即便圣人亦有所不知，而对凡人而言，更是不必尽知的。那么，何以说圣人也无所不知呢？阳明认为，圣人"只是知个天理"，然后应事接物、不耻下问，故"于天下事物都便知得，便做得来也"。

这里涉及一个问题：天理与知识——良知与知识的关系问题。在阳明看来，天理或良知是"本体"知识，而"名物度数"或"礼乐名物"则是"节文"知识。前者是道德知识，后者是见闻知识。阳明强调本体知识更为重要，而见闻知识是"不必尽知"，也是不可能"尽知"

的。只要明白本体知识，那么，"当知"的知识自然可以通过"问人"等方式去获取，至于那些"不必知的"，圣人"自不消求知"。这说明良知与知识分属两种不同的层次，不可混同。另一方面，两者又有密切关联，知识可以促进良知的实践，换言之，良知又须借助于知识以展现自身。

归结而言，王阳明反对的是这样一种知识论取向，即以为应当以无所不知的圣人为榜样，必须掌握天下事物的全部知识，其结果必将是被外在的见闻知识牵着鼻子走，而自己的本心反而会迷失方向。可见，阳明以良知本体知识为前提，但又不否认"礼乐名物"等见闻知识的重要性，只要是有益于本体知识的见闻知识都是可以通过学习来掌握的。只是对于那些"不胜其烦"的各种外在知识，阳明坚持认为是"不必尽知"的，这是由阳明学是良知伦理学而非知识论这一特质所决定的。

六 乐是心之本体

题解

"寻孔颜乐处[1]",可以说是宋明时期儒家的共同追求,而其中乐与敬畏,或者说自然和乐与戒慎恐惧作为相对概念,构成了一种内在紧张。程朱学派秉持"涵养须用敬,进学则在致知"的工夫论主张,对孔子"吾与点也"体贴不够,朱子认为孔门当中根本没有什么"安乐法"(《朱子语类》卷一一三)。然而,阳明却提出了"乐是心之本体"的命题。阳明的这一思想对泰州学派产生了重要影响,王艮撰有《乐学歌》,对"乐是心之本体"思想有进一步发挥,对后世产生了深远影响,其子王襞更是提出了"乐即道也"命题。另一方面,晚明时期学者对此的批评则十分强烈,王时槐就严厉批评:"后儒有以乐为学者,致其流弊,猖狂纵恣,大坏名教。"(《王时槐集·友庆堂合稿》卷四《三益轩会语》)

---

[1] 孔颜乐处:此是宋明理学史上的著名典故,起于周敦颐常令程颢、程颐寻"孔颜乐处"。《程氏遗书》卷二上:"昔受学于周茂叔,每令寻颜子仲尼乐处所乐何事。"所乐:语见《论语·雍也》,"子曰:贤哉回也。一箪食,一瓢饮,在陋巷,人不堪其忧,回也不改其乐。贤哉回也。"

1

来书云："昔周茂叔[1]每令伯淳寻仲尼颜子乐处。敢问是乐也，与七情之乐，同乎否乎？若同，则常人之一遂所欲，皆能乐矣，何必圣贤？若别有真乐，则圣贤之遇大忧大怒大惊大惧之事，此乐亦在否乎？且君子之心，常存戒惧，是盖终身之忧也，恶得乐？澄平生多闷，未尝见真乐之趣，今切愿寻之。"

<u>乐是心之本体</u>。虽不同于七情之乐，而亦不外于七情之乐。虽则圣贤别有真乐，而亦常人之所同有。但常人有之而不自知，反自求许多忧苦，自加迷弃。虽在忧苦迷弃之中，而此乐又未尝不存。但一念开明，反身而诚[2]，则即此而在矣。每与原静论，无非此意。而原静尚有何道可得之问，是犹未免于骑驴觅驴[3]之蔽也。（《集评》本第166条）

译文

来信说："从前周茂叔常教大程子寻找孔子、颜回乐处。敢问这个乐与七情中的乐，是相同还是不同？若是相同，那么平常人只要一满足自己的欲望，便能乐，何必非要圣贤？若是别有所谓真乐，那么

---

1 周茂叔：周敦颐（1017—1073），原名周敦实，字茂叔，号濂溪，世称濂溪先生，道州营道（今湖南省道县）人，北宋五子之一。
2 反身而诚：通过反身践履之工夫而达到"诚"的境界。语见《孟子·尽心上》："孟子曰：万物皆备于我，反身而诚，乐莫大焉。"
3 骑驴觅驴：佛语，见《景德传灯录》卷二十九等。

圣贤如果遇到大忧大怒大惊大惧的事情，这个乐也在吗？而且君子之心，常存戒慎恐惧，是有终身之忧，怎么得乐？我平生多愁闷，未尝寻见真乐的趣味，现在真切想要寻求。"

乐是心的本体。虽不同于七情的乐，然也不外于七情的乐；圣贤虽是别有真乐，与常人也并无不同。只是常人有这种乐却不能自知，反而自去寻求许多忧苦，自己给自己带来更多的迷茫。虽在忧苦迷茫之中，这种乐又未尝不存在。只要一念豁然开明，只要反身而诚，就能体会到这种乐。每次与你讨论，无非就是这个意思，而你还问"什么地方可寻乐"，这就不免像骑驴找驴一样可笑了。

点评

所谓"乐是心之本体"，其意是说"乐"就是心体的本来应有之状态，即心体就其本来状态来说是一种充满精神、道德愉悦的存在。例如阳明通过对孔子"学而时习之，不亦说乎""有朋自远方来，不亦乐乎"的解读，结合其"万物一体"的思想，指出："乐是心之本体。仁人之心，以天地万物为一体。欣合和畅，原无间隔……本体之欣合和畅，本来如是，初未尝有所增也。就使无朋来，而天下莫我知焉，亦未尝有所减也。"(《全集》卷五《与黄勉之》第二书)这说明，阳明学所说的"乐"就是心体良知"本来如是"的精神性、道德性的愉悦感。可见，阳明提出致良知之后，指出只要依着良知实实在在地做一番为善去恶的工夫，就是最大的"快乐"。应当说，这个思想反映了阳明学的一个重要特质：对于人生快乐的追求必须建立在道德实践之上。这个思想构成了以追求精神愉悦为指向的人生哲学，反映了阳明心学积极入世的思想精神，从而与佛教把人生世俗视作一片"苦海"，寻求超脱此世而追求彼岸的思想旨趣格格不入。

2

问："'乐是心之本体'，不知遇大故[1]，于哀哭时，此乐还在否？"

先生曰："须是大哭一番了方乐，不哭便不乐矣。<u>虽哭，此心安处即是乐也。</u>本体未尝有动。"（《集评》本第292条）

译文

问："快乐是心之本体，不知遭遇父母去世的大变故，在悲哀痛苦的时候，此快乐还在吗？"

阳明答："这就必须大哭一场方才快乐，不哭便不会快乐。虽大哭，然而只要自己内心获得安慰便是快乐。快乐的本体并没有变动。"

点评

所谓"乐是心之本体"，并不是说心体本来或应有的状态就是通常所谓无精神或道德意涵的快乐，如以亲人故去这一极端悲痛的事为

---

1 大故：此处是指父母去世。

例,阳明指出遭遇此事,唯有痛哭一场,才是"乐",才是"心安处"。可见"乐是心之本体"强调的是一种精神性、道德性的超越利害的真乐。

七

气即是性,
性即是气

题解

性与气的关系问题是宋明儒学的又一重要论域。在古代中国哲学中，广义的"气"主要指化生万物的阴阳二气，而此处是在讨论人性问题，特指人受阴阳二气而生，有形体，因而产生种种感官欲望、激情等；所谓"性"是指对人的本性的有关界定。程颐指出"论性不论气则不备，论其气不论性则不明"，而据朱子解释，前一句暗指孟子，后一句暗指荀子。而阳明从"生之谓性"命题着手，认为"生"就是"气"的意思，所谓"气即性也""性即气也"，从而将程朱理学划分的天命之性与气质之性之区隔打破了。在此意义上，可以说，阳明论性论气，是明末清初儒者论性去实体化思潮的必要过渡。当然阳明强调的是在确保"良知"这一"头脑"的前提下，"即性即气"才成立。

1

来书[1]云："有引程子'"人生而静"以上，不容说，才说性，便

---

[1] 此为周道通来书。据《阳明先生文录》，此书作于嘉靖三年（1524）。周道通（1485—1532），名冲，号静庵，常州宜兴人，正德五年（1510）举人，曾受业于王阳明、湛若水。

已不是性',何故不容说?何故不是性?晦庵答云:'不容说者,未有性之可言。不是性者,已不能无气质之杂矣。'二先生之言皆未能晓。每看书至此,辄为一惑。请问。"

"生之谓性","生"即是"气"字,犹言气即是性也。气即是性,"人生而静"以上不容说,才说气,即是性。即已落在一边,不是性之本原矣。孟子性善,是从本原上说,然性善之端,须在气上始见得。若无气,亦无可见矣。恻隐、羞恶、辞让、是非,即是气。程子谓"论性不论气不备,论气不论性不明",亦是为学者各认一边,只得如此说。若见得自性明白时,气即是性,性即是气,原无性气之可分也。(《集评》本第150条)

译文

来信说:"大程的'"人生而静"以上不容说,才说性便已不是性',为什么不容说?为什么不是性?有人以此向朱子请教。朱子答:'不容说者,是没有性可说;不是性者,已不能无气质之杂。'我还弄不懂这两位先生的话,每看书到这里,便有疑惑。所以请问。"

"生之谓性"的"生"字便是"气"字,这话好比说"气即是性"。气即是性,"'人生而静'以上,不容说",才说"气即是性",则已落在一边,不是性的本原了。孟子的性善说,是从本原上说的,然性善一端,须在气上才能见到,若是没有气,便都不可见。恻隐、羞恶、辞让、是非都是气。大程说"论性不论气,不完备;论气不论性,不明白",也是因为学者各自偏向一边,只得这样表述。如果清楚地认识了自己的天性，即便说"气便是性，性便是气"也无妨，原本就没有性气的分别。

点评

本条涉及程颢提出的"人生而静以上不容说"这一命题，素称难解。按朱子的解释，人生而静是指人物未生之时的原初状态，当其时，虽已有天命之性的存在，如同"理"先于气而存在一样，我们无法用语言来表述，而当我们用语言来表述"性"的时候，此时的"性"便已经是人生以后的气质之性，理已经"堕在形气之中"，故已不是"性之本体"。此即程颢"才说性，便已不是性"的确切含义。前者之"性"是指气质之性，后者之"性"是指"性之本体"。

然而阳明从"生之谓性"命题着手，认为"生"就是"气"之意，即"气即性也"。基于此，阳明对"人生而静以上不容说"给出了与朱子说法显然相通的解释。紧接着，阳明着重指出孟子"性善"说是从"性之本原"上来讲的，但是性善须由"气"才能呈现，孟子所说的恻隐、羞恶、辞让、是非这四端之心，便是"气"之表现。既然"生"即"气"，而四端之心亦是气，善端须从气上见，那么，就势必得出"气即是性""性即是气"的命题，从而导致性气之不可分的结论，打破了气质之性与天命之性截然两分的人性两元构架，从而也引发了人们对告子"生之谓性"命题的重新审视。

2

问:"'生之谓性',告子亦说得是。孟子如何非之?"

先生曰:"固是性。但告子认得一边去了。不晓得头脑。若晓得头脑,如此说亦是。孟子亦曰:'形色,天性也。'这也是指气说。"

又曰:"凡人信口说,任意行,皆说此是依我心性出来。此是所谓生之谓性,然却要有过差。若晓得头脑,依吾良知上说出来,行将去,便自是停当。然良知亦只是这口说,这身行,岂能外得气,别有个去行去说?故曰:'论性不论气不备,论气不论性不明。'气亦性也,性亦气也,但须认得头脑是当。"(《集评》本第242条)

译文

问:"'生之谓性',这话告子说得也不算错,孟子为何要批评他呢?"

阳明答:"天生的固然也是性,但告子的认识偏了,不晓得头脑。如果懂得头脑,这样说也是对的。孟子也说'形色,天性也',这也是从气的角度来说的。"

又说:"凡人只是信口说,任意行,都说此是从我心上流出来的,此是'生之谓性',但这样理解就会出差错。如果懂得头脑,遵循着良知去说出来,做出来,就自然是正确的。然而良知也只是能靠这嘴巴说,靠这身体行,哪能离开气,在别处寻个去说去行?所以说,'论性不论气不备,论气不论性不明',气也是性,性也是气,但是须要认识一个头脑才对。"

点评

本条是对告子"生之谓性"说的新诠释,阳明同时提出"气亦性也,性亦气也"的命题。按照"天命之性"与"气质之性"的划分,告子所说的"生"是指气质之性,由于气质之性也是一种性,故"生之谓性"也不能说全错,只是告子只肯承认气质之性,而不知另有超越层面的天命之性。因此,阳明批评告子"认得一边去了"。不过,就"生之谓性"而言,如同孟子"形色,天性也",阳明特意指出这是"指气说"。由于良知离不开"口说""身行",故亦离不开"气"。在这个意义上,阳明提出"气亦性也,性亦气也"。但同时,阳明指出,重要的是必须要有个"头脑",所以,在性气问题上,"认得头脑是当"最为关键。只有在良知的引领下,才能使"口说""身行"等气质运动保持正确方向。从这个角度看,良知本性并不等同于气,而是随气的运作发用流行。

八

真己是躯壳的主宰

题解

儒家是一种为己之学,在阳明看来,所谓"真己"就是良知,就是心之本体,即"真己是躯壳的主宰"。可见,只要树立"良知"的本体地位,喜怒哀乐爱恶欲这些人类的自然情感以及声色货利等人类欲望亦具有一定的积极意义,也就是说,"七情顺其自然之流行,皆是良知之用,不可分别善恶,但不可有所着",而"良知只在声色货利上用功,能致得良知精精明明,毫发无蔽,则声色货利之交,无非天则流行矣"。

1

萧惠[1]问:"己私难克,奈何?"

先生曰:"将汝己私来,替汝克。"

---

[1] 萧惠:庠生,正德八年(1513)从学阳明于滁州,《滁州志》卷十二有传。

又曰："人须有为己[1]之心，方能克己。能克己，方能成己。"

萧惠曰："惠亦颇有为己之心。不知缘何不能克己？"

先生曰："且说汝有为己之心是如何。"

惠良久曰："惠亦一心要做好人。便自谓颇有为己之心。今思之，看来亦只是为得个躯壳的己，不曾为个真己。"

先生曰："真己何曾离着躯壳？恐汝连那躯壳的己也不曾为。且道汝所谓躯壳的己，岂不是耳目口鼻四肢？"

惠曰："正是为此。目便要色，耳便要声，口便要味，四肢便要逸乐，所以不能克。"

先生曰："美色令人目盲，美声令人耳聋，美味令人口爽，驰骋田猎令人发狂，这都是害汝耳目口鼻四肢的，岂得是为汝耳目口鼻四肢？若为着耳目口鼻四肢时，便须思量耳如何听，目如何视，口如何言，四肢如何动。必须非礼勿视听言动，方才成得个耳目口鼻四肢。这个才是为着耳目口鼻四肢。汝今终日向外驰求，为名为利，这都是为着躯壳外面的物事。汝若为着耳目口鼻四肢，要非礼勿视听言动时，岂是汝之耳目口鼻四肢自能勿视听言动？须由汝心。这视听言动，皆是汝心。汝心之视发窍于目，汝心之听发窍于耳，汝心之言发窍于口，汝心之动发窍于四肢。若无汝心，便无耳目口鼻。所谓汝心，亦不专是那一团血肉。若是那一团血肉，如今已死的人，那一团血肉还在。缘何不能视听言动？所谓汝心，却是那能视听言动的。这个便是性，

---

1 为己：修己，成就自己。语见《论语·宪问》："子曰：古之学者为己，今之学者为人。"

便是天理。有这个性，才能生这性之生理。便谓之仁。这性之生理，发在目便会视，发在耳便会听，发在口便会言，发在四肢便会动。都只是那天理发生，以其主宰一身，故谓之心。这心之本体，原只是个天理，原无非礼，这个便是汝之真己。这个真己，是躯壳的主宰。若无真己，便无躯壳。真是有之即生，无之即死。汝若真为那个躯壳的己，必须用着这个真己，便须常常保守着这个真己的本体，戒慎不睹，恐惧不闻，惟恐亏损了他一些。才有一毫非礼萌动，便如刀割，如针刺，忍耐不过，必须去了刀，拔了针。这才是有为己之心，方能克己。汝今正是认贼作子，缘何却说有为己之心，不能克己？"（《集评》本第122条）

译文

萧惠问："己私难以克去，怎么办？"

阳明答："把你的己私拿来，替你克去。"

阳明说："人须有为己之心，才能克己；能克己，才能成就自己。"

萧惠问："我也颇有为己之心，但不知为什么不能克己？"

阳明答："且说说你的为己之心是怎样？"

过了一会儿，萧惠答："我也一心想做个好人，便自认为有为己之心。现在看来，那也只是为躯壳的自己，不是真正的为己。"

阳明答："真己什么时候能离得了躯壳！恐怕你都不曾为躯壳的自己。且你说的躯壳的自己，难道不就是耳目口鼻四肢吗？"

萧惠答："正是。为此，眼睛便要看颜色，耳朵便要听声音，口便要尝味道，四肢便要寻求逸乐，因此不能克去。"

阳明答："美色令人目盲，美声叫人耳聋，美味叫人口味变差，驰骋田猎叫人心发狂，这些都是危害耳、目、口、鼻与四肢的！这怎么是为耳、目、口、鼻与四肢？如果真为耳、目、口、鼻与四肢，就应该考虑耳朵如何听，眼睛如何看，嘴巴如何说话，四肢如何动。必要非礼勿视、非礼勿听、非礼勿言、非礼勿动，方才成个耳、目、口、鼻、四肢。这才是真正为了耳、目、口、鼻、四肢。你如今终日向外驰求，追名逐利，这都是为了躯壳外面的目的。你要真为耳、目、口、鼻与四肢，要非礼勿视、非礼勿听、非礼勿言、非礼勿动，这岂是耳、目、口、鼻与四肢自身能够做到的，须是由你的心。这视、听、言、动，都是你的心做主宰。你的心要看东西便会用眼睛，你的心要听声音便会用耳朵，你的心想发言便会用口，你的心想活动便会发动四肢。如果没有你的心，便没有耳目口鼻。所谓你的心，也不是那一团血肉。如是那一团血肉，如今死去的人，那一团血肉还在，怎么不能视、听、言、动？所谓你的心，便是那能视、能听、能言、能动的，这便是性，便是天理。有这个性，才能生生不息。这性的生生不息之理，便是仁。这性的生生不息之理发用在眼睛，便会视；发用在耳朵，便会听；发用在嘴巴，便会说；发用在四肢，便会动。都只是那天理发用出来的，以其主宰一身，便称之为心。这心之本体，原本是天理，原本没有非礼。这个便是你的真己，这个真己是躯体的主宰。若是没有真己，便没有躯壳；有此真己之心便有生命，没有真己之心便意味着死亡。你若真为那个躯体的己，必须用着这个真己，就必须时时保守着这个真己的本体，戒慎不睹，恐惧不闻，唯恐亏损了它一些。才有一毫非礼萌动，便如刀割，如针刺，忍耐不过，必须拔去这刀，拔去这刺。这才是为己之心，方能克己。你如今的想法正是认贼作子，为什么说有为己之心，却不能克己？"

点评

本条以"为己"为核心概念，讨论如何才能真正做到"克己"等问题。"为己"与"克己"出自《论语》，自孔子以来，儒家是"为己之学"——提升自己、成就自己，以使自己成为一个有道德的人的学问——几乎已成常识。至于"克己"则要求对一己之私意、私心、私欲加以克除，其本身也属于一种成就自己的道德修养。

萧惠的疑问是，他虽然也有"一心要做好人"的"为己之心"，却做不到"克己"。阳明认为萧惠的问题很奇怪，因为如果有一个真正的"为己"之心，那么就一定能做到"克己"，因此问题就出在萧惠错认了"为己之心"，没有树立起真正的"为己之心"（"真己"）。阳明指出，真正的己，不是那"一团血肉"的躯体，也不是单纯的感官知觉，如视听言动，而是那个"能视听言动"的根源性存在——使视听言动得以可能的依据——这就是"性"，就是"天理"。这个性的本质在于"生"，也就是"生生不息"之理，故又叫作"生理"，而此"生理"也就是儒家的核心观念——"仁"。一言以蔽之，也就是"心之本体""汝之真己"。这个"真己"才是躯体的主宰。

最后，阳明指出：如果真正为躯壳的"己"着想，就"必须用着这个真己，便须常常保守着这个真己的本体"。归结而言，须确立起

"真己"的信念,由此出发,才是真正的儒家"为己之学",即成就自己的学问。

2

问:"知譬日,欲譬云。云虽能蔽日,亦是天之一气合有的。欲亦莫非人心合有否?"

先生曰:"喜怒哀惧爱恶欲,谓之七情。七者俱是人心合有的,但要认得良知明白。比如日光,亦不可指着方所。一隙通明,皆是日光所在。虽云雾四塞,太虚中色象可辨,亦是日光不灭处。不可以云能蔽日,教天不要生云。<u>七情顺其自然之流行,皆是良知之用,不可分别善恶,但不可有所着。</u>七情有着,俱谓之欲,俱为良知之蔽。然才有着时,良知亦自会觉。觉即蔽去,复其体矣。此处能勘得破,方是简易透彻功夫。"(《集评》本第290条)

译文

问:"良知如同太阳,人欲如同浮云。云虽能遮蔽太阳,也是天的一气该有的。人欲难道也是人心该有的吗?"

阳明答:"喜怒哀惧爱恶欲,是所谓七情。七情都是人心该有的,但是要清楚地认得良知。就比如日光,也不可执定方所,只要一小空隙通明,就都是太阳的光。哪怕是云雾四处蔽塞,太虚中形色也都可以辨别,这就是日光不泯灭的表现。不可说浮云能遮蔽太阳,就叫天不生云。七情顺着自然流行,都是良知的发用,不可分别善恶,但不可有所执着。七情有所执着,便是人欲,就会成为良知的障碍。然而才有所执着,良知也自然会发觉,觉后便会除去这个障碍,恢复它的本体。如果能看破这一点,方才是简易透彻的功夫。"

点评

本条首先肯定"喜怒哀惧爱恶欲"等人类的基本情感是人心合当拥有的,但需要以良知挂帅,认得良知头脑明白,即用良知来统领和主导情感的发动。打个比方,就好像太阳有时被乌云遮蔽了自身的光芒,然而太阳的光芒自不可灭。不过,因为云会遮挡太阳,于是就让天去阻止云的产生,这也是不可能的。重要的是,如何使得七种基本情感顺应良知本体的发动,而不用任何执着心去遮蔽它。情感发动一旦有所执着,便会落入利欲之心,都会成为良知的阻碍。但是归根结底,我们也不必担忧,因为良知有一种自觉自察的能力,它自会觉察这种遮蔽的产生,从而立即去消除这种遮蔽,恢复良知的本来面目。

阳明的上述观点表明其对情感问题并没有采取全盘否定的态度。阳明承认,情感本身是人心"合有"的,没有了情感,也就无所谓人心了,因此对于人的基本情感,我们不能用一般的善恶概念去加以抽象地规定。例如认为"喜"是善的,"怒"是恶的,"爱"是善的,"欲"是恶的,然后加以分别对待,这样就从根本上抹杀了人情的正当性。其实,怒或欲等容易被认定为不好的情感,只要是顺应良知本体的发用,也是正当合理的。可见,阳明心学并没有忽视或贬低人的情感问题,相反,其良知学说对情感是有正面肯定的。只是这种肯定必须建立在良知学的前提之上。

3

问:"声色货利,恐良知亦不能无。"

先生曰:"固然。但初学用功,却须扫除荡涤,勿使留积。则适然[1]来遇,始不为累,自然顺而应之。良知只在声色货利上用功。能致得良知精精明明,毫发无蔽,则声色货利之交,无非天则流行矣。"

(《集评》本第326条)

译文

问:"声色货利,良知恐怕也不能没有。"

阳明答:"当然是这样。但是初学者做功夫时,却需要扫除荡涤,勿使留积。这样,当遇到声色货利,才能不为所累,自然顺而应之。良知只在声色货利上用功。如果能致得良知精精明明,毫发无蔽,则遭遇声色货利,无非是天则流行。"

1 适然:偶然,恰巧。

点评

本条探讨了良知与声色货利的关系问题。一方面，声色货利作为人的一种欲望追求，属于"去人欲"的克制对象，应当加以摒除而不受其诱惑或牵引；另一方面，天理、良知作为本然天则就存在于日常生活当中，自然也不能被隔绝在声色货利等欲望活动之外。问题只是如何身在其中而又不被其牵引，这就需要做一番致良知的工夫，直至完全把握自己心中的良知，使其保持一种"精精明明"的状态。这样，自然也就不必担心声色货利的引诱，反而能将声色货利引向正轨。因此，良知本体虽然容不得人欲遮蔽，但良知正是在人欲中（即在"声色货利之交"）才能展现自身。

九

良知无所不知，而又本无知

题解

阳明晚年对"良知"多有论述,首先强调"良知无有不自知者"思想,提出"良知自知"命题,接着强调"良知无所不知"而又"本无知"。一方面说明良知的发用流行是"良知常照常觉",这是对良知普遍性问题的论述,又涉及良知见在或现成良知问题,这一问题在阳明后学内部引发极大思想辩论;另一方面再次点明良知"本无知",揭示良知在本体上是"无知无觉"的。"知来本无知""无知无不知"是对良知本体的存在方式及其作用方式的深刻阐发。而关于良知的这些论述与其关于"心之本体,无起无不起"以及"无善无恶心之体"等四句教的说法是一脉相通的,是阳明关于"有无"问题的一种儒学式思考,即良知的存在方式,既"不滞于有"又"不堕于无"。总之,"无知无不知"这一命题充分说明阳明良知学具有"体用一原"的理论特征,换言之,在体用论的框架内,良知之体与良知之用表现为有与无的有机统一。

1

来书[1]云:"师云:'《系》言"何思何虑",是言所思所虑只是天理,更无别思别虑耳。非谓无思无虑也。心之本体即是天理,有何可思虑得?学者用功,虽千思万虑,只是要复他本体。不是以私意去安排思索出来。若安排思索,便是自私用智矣。'学者之蔽,大率非沉空守寂,则安排思索。德辛壬[2]之岁着前一病,近又着后一病。但思索亦是良知发用。其与私意安排者,何所取别?恐认贼作子,惑而不知也。"

"思曰睿,睿作圣""心之官则思,思则得之",思其可少乎?沉空守寂,与安排思索,正是自私用智,其为丧失良知一也。良知是天理之昭明灵觉处,故良知即是天理。思是良知之发用。若是良知发用之思,则所思莫非天理矣。良知发用之思,自然明白简易,良知亦自能知得。若是私意安排之思,自是纷纭劳扰,良知亦自会分别得。盖思之是非邪正,良知无有不自知者。所以认贼作子,正为致知之学不明,不知在良知上体认之耳。(《集评》本第169条)

译文

来信说:"老师说'《系辞》的何思何虑,是说所思所虑只是天理,再无别的思虑,并不是说无思无虑。心的本体就是天理,又有什么可

---

1 此为欧阳德来书。
2 辛壬:辛巳年和壬午年,即1521年和1522年。

思虑的！学者用功，虽然千思万虑，也只是要恢复他的本体，并不是用私意去安排思索出来的；如果刻意去安排思索，就是自私耍小聪明了。'学者的弊病，大多不是沦入沉空守寂，就是以私意安排思索。我在辛巳、壬午期间得前一种病，近来又得后一种病。只是思索也是良知的发用，它与刻意安排有什么区别？我恐怕会认贼作子，迷惑而不知。"

"思曰睿,睿作圣""心之官则思,思则得之"，怎么能缺少思索呢？沦入沉空守寂与刻意安排思索，正是自私耍小聪明，都是丧失了良知。良知是天理的昭明灵觉的所在，所以说良知就是天理，而思正是良知的发用。如果是良知发用的思，那么所思就没有不是天理的。良知发用的思，自然是明白简易的。良知也自然能分辨清楚。如果是私意安排的思，自然是纷纷扰扰，良知也自会去明辨。大概思之是非邪正，良知自然没有不明白辨析的。你说认贼作子，正是由于还不能明白致知之学，不知在良知上去体认。

点评

此条是阳明答复欧阳德关于"沉空守寂""安排思索"两种病痛的对治问题，阳明认为这两种病痛都是"丧失良知"。他接着提出"良知是天理之昭明灵觉处"，因此可以说"良知即天理"，而"思"乃是良知之发用，而良知所发用之思是"明白简易"，而这便是"良知亦自能知得"思想。也就是说，对于"思之是非邪正"，"良知亦自会分别得"，因为"良知无有不自知者"，这是指德性之知在意识活动过程中有一种自我判断能力，故称之为"自知"。

2

又曰："知来本无知，觉来本无觉。然不知，则遂沦埋。"（《集评》本第213条）

译文

又说："知本来无知，觉来本无觉。然而不知便是沉落。"

点评

阳明在这里揭示了良知在本体上是"无知无觉"的，而在发用上却是"无所不知""无所不觉"的。良知也可说是"知来本无知，觉来本无觉"，这是说，"良知无所不知"而又"本无知"，良知无所不觉而又"本无觉"。

表面上看，"无知无觉"与"良知自知""良知自觉"构成了理论冲突，其实不然，两种说法恰恰构成了一套严密的良知理论系统。正是由于良知本无知、良知本无觉，所以良知才能真正发挥"无所不知""无所不觉"之能量。要之，"知来本无知""无知无不知"是对良知本体的存在方式及其作用方式的深刻阐发。关于良知本体的"有无"问题，我们将在分析第315条"天泉证道"之际，再来详细探讨。

3

不逆不亿[1]而先觉，此孔子因当时人专以逆诈亿不信为心，而自陷于诈与不信。又有不逆不亿者，然不知致良知之功，而往往又为人所欺诈，故有是言。非教人以是存心，而专欲先觉人之诈与不信也。

是故良知常觉常照。常觉常照，则如明镜之悬，而物之来者自不能遁其妍媸矣。何者？不欺而诚，则无所容其欺。苟有欺焉，而觉矣。自信而明，则无所容其不信。苟不信焉，而觉矣。是谓"易以知险，简以知阻"。子思所谓"至诚如神，可以前知"者也。然子思谓"如神"，谓"可以前知"，犹二而言之。是盖推言思诚者之功效，是犹为不能先觉者说也。若就至诚而言，则至诚之妙用即谓之神，不必言如神。至诚则无知而无不知，不必言可以前知矣。（《集评》本第171条，有所删减）

译文

不意料不揣测而能先知觉，此是孔子看到当时人专以意料揣测为心，而自陷泥于欺诈和不信，又有不意料不揣测者，然而不知致良知功夫，往往又为人所欺诈，因此有这句话。不是教人以此存心，专门先发觉人的欺诈与不信。

所以说，良知是常觉常照。"常觉常照"的意思是说，恰如明镜高悬，那么到镜前的万物自然是美丑自现。为什么呢？这就是自身没有欺罔

---

1 逆：意料。亿：通"臆"，揣测。不逆不亿：意为不臆测他人之欺己，不揣测他人之疑己。

而只有诚实,如此便不会接受任何欺瞒。如果有欺瞒,自然就会觉察。如果自己有信心且内心澄明,那就不会有任何不自信的情况。如果出现不自信的情况,自然也会觉察。这便是《周易》所说的"易以知险,简以知阻",子思所说的"至诚如神,可以前知"。然而,子思所说"如神"与"可以前知",与此犹是有所不同,是分别为二。这是从思诚者的功效而立言的,不是说先觉者。如果是说至诚的话,那么至诚的妙用就是神,不必说如神。至诚就是无知而无不知,不必说可以前知。

点评

本条从孔子"不逆不亿"的说法出发,讨论良知自信、自觉的问题。按照阳明的良知学说,良知之在人心,是"亘万古,塞宇宙,而无不同"的普遍存在,这是讨论一切问题的前提。基于此,良知本体自然不会"逆人""自欺",相反,良知自能"自信""自觉"。儒家君子之学就是"为己之学",人不必担忧他人欺骗自己,只要经常做到不自欺良知而已;人也不必担忧他人不相信自己,只要经常做到相信自己的良知而已;人也不必先要察觉他人的欺诈与不信,只要经常做到察觉自己的良知而已。

归根结底,良知是永远自觉而明亮的,即"常觉常照",犹如一面"明镜"高悬头上,一切事物都不能逃过它的审视。显然,阳明在这里再三强调了良知自信、良知自觉的重要性,同时也强调了良知存在的普遍性、绝对性,展现出阳明对良知理论的深度探讨,因而值得重视。

4

先生曰：" 我辈致知，只是各随分限所及。今日良知见在[1]如此，只随今日所知，扩充到底。明日良知又有开悟，便从明日所知，扩充到底。如此方是精一功夫。与人论学，亦须随人分限所及。如树有这些萌芽，只把这些水去灌溉。萌芽再长，便又加水。自拱把[2]以至合抱，灌溉之功，皆是随其分限所及。若些小萌芽，有一桶水在，尽要倾上，便浸坏他了。"（《集评》本第225条）

译文

阳明说："我辈致知，只要各随分限所及来做就可以。今日良知见在如此，只随今日所知扩充到底，明日良知又有开悟，便从明日所知扩充到底。如此便是精一功夫。与人论学，亦需随人分限所及。如树有这些萌芽，只用这些水去灌溉。萌芽再长，便又加水；自小至大，灌溉多少都是随其分限所及。若些小萌芽也浇上一桶水，便是要把它浸坏了。"

点评

本条强调了两个观点：一是致良知的方法问题，个人根据自己的

---

1 见在：读为"现在"。
2 拱把：表示物体不粗壮。拱：两手合围；把：一手可握。

才能所及持续不断地努力,总会成功的,这强调了致良知的不可间断性;二是良知是当下即刻的存在,过去已经发生的与未来尚未发生的并不重要,重要的是把握良知的"见在"性。这里的"见在"一词,表明良知是无所不在的,具有"遍在性"特征,与此同时,良知又是一种"当下"存在,具有"当下性"特征,即良知是可以当下呈现的,这就是阳明的"良知见在"论或"见在良知"论。

此说至阳明后学,衍生出"良知现成"的问题。阳明弟子王畿就指出:"先师指出良知两字,正指见在而言,见在良知与圣人未尝不同。"(《王畿集》卷四《与狮泉刘子问答》)显然,这是就本体层面立论的。阳明的另一位弟子罗洪先(1504—1564)却将"见在良知"偷换成"现成良知",并批评道:"世间那有现成良知?良知非万死工夫,断不能生也,不是现成可得。"(《罗洪先集》卷八《松原志晤》)无疑,如果从本体上否认良知的见在性,那么,良知就成了一种后天性的存在,这就违反了阳明的良知"见在"说;如果从工夫上宣扬良知的现成性,那么,就有可能导致致良知工夫被一笔勾销,其后果同样非常可怕。针对罗洪先的质疑,耿定向(1524—1597)提出了反驳,指出:"良知若非现成,又岂有造作良知者乎?"(《明儒学案》卷三十五《泰州学案四·天台论学语》)这里将"现成"视同"见在",显然与王畿"见在良知与圣人未尝不同"的立场是一致的。由此可见,自阳明提出"见在"问题之后,在阳明后学的发展过程中,"见在良知"或"现成良知"构成了重大的理论问题并引发了思想论辩。

5

先生曰:"无知无不知,本体原是如此。譬如日未尝有心照物,而自无物不照。无照无不照,原是日的本体。良知本无知,今却要有知。本无不知,今却疑有不知,只是信不及耳。"(《集评》本第282条)

译文

阳明说:"无知无不知,本体原本就是如此。就像太阳没有着意去照耀万物,但任何事物都不能逃脱太阳的光照。无照无不照,原本就是太阳的本体。同样的道理,良知本无知,现在却要有知;良知本无不知,现在人们却怀疑它有所不知。这都是由于缺乏对良知的信念而已。"

点评

本条又一次提出良知本体"无知无不知"。可见,在晚年思想中,"无知无不知"不是偶发之论,而是阳明一贯坚持的对良知本体的一种表述。这一观念与前面所引"知来本无知,觉来本无觉"以及后面所说"心之本体,无起无不起"等说法是一脉相承的,阳明力图揭示的是良知本体"无知无觉",而良知发用则是"无所不知""无所不觉"这层道理。可见,从本体上讲,良知之体"本来无知",从发用上讲,良知之用"无所不知",合而言之,良知的整体性特征表现为"无知无不知""无起无不起""无觉无不觉"。

十

心之本体,
无起无不起

题解

与良知本体"无知无不知"的论述模式相同,基于"良知者,心之本体"的说法,阳明又提出"心之本体,无起无不起"的命题,论述"心之本体"即恒照者具有至诚无息之特征。阳明的这个观点对于我们了解其良知学说至关重要。他告诉我们心体良知没有绝对的动,也没有绝对的静,而是超越于动静之上的无动无不动、无起无不起者。就良知与情感发动的关系而言,阳明指出情感不能自外于良知而不受良知的主宰。归根结底,良知既是未发之中,又是中节之和;既是寂然不动,又是感而遂通。在这个意义上,可以说,良知本体既是情的主宰者,又是情的参与者。

1

来书云:"'良知亦有起处'云云。"

此或听之未审。良知者心之本体,即前所谓恒照者也。心之本体无起无不起,虽妄念之发,而良知未尝不在。但人不知存,则有时而或放耳。虽昏塞之极，而良知未尝不明。但人不知察，则有时而或蔽耳。虽有时而或放，其体实未尝不在也，存之而已耳。虽有时而或蔽，其体实未尝不明也，察之而已耳。若谓良知亦有起处，则是有时而不在也，非其本体之谓耳。（《集评》本第152条）

译文

来信说："良知也有发起处。"

你也许是因为未能细察我的说法，才会提这样的问题。良知乃是心的本体，也就是前面所说的"恒照"。心的本体，是无起无不起的。即便是发动妄念的人，其良知未尝不在，只是不知存养而已，所以有时会放失掉本心良知；即便是昏塞到极点的人，其良知也未尝不明，只是人不知精察，所以有时会受蒙蔽罢了。尽管有时放失本心良知，但其心体未尝不在，只要加以存养便是；尽管有时受蒙蔽，但其心体未尝不明，只要加以精察便是。如果说良知有时发起，有时又不存在，这就不是其本体了。

点评

本条问良知是否有"起处"，实质上，是在问"心体"为何没有片刻"暂停"的问题。对此，阳明基于良知本体即所谓"恒照"者这一前提，提出"心之本体无起无不起"。具体而言，"恒照"即意味着良知时时刻刻都在发挥审查功能，意味着良知本体是永恒绝对的、无所不在的。因此，即便是发动了妄念，在人的意识深处，良知依然存在；

即便是昏暗之极的人，其内心良知也依然存在；即便有的时候，人的意识会走散或迷失方向，但其心中的良知本体依然存在。因此说，良知心体"无起无不起"。

2

来书云："下手工夫，觉此心无时宁静。妄心固动也，照心亦动也。心既恒动，则无刻暂停也。"

是有意于求宁静，是以愈不宁静耳。夫妄心则动也，照心非动也。恒照则恒动恒静，天地之所以恒久而不已也。照心固照也，妄心亦照也。"其为物不贰，则其生物不息[1]"，有刻暂停，则息矣，非"至诚无息"[2]之学矣。（《集评》本第151条）

译文

来信说："下手工夫，觉得此心没有片刻宁静的时候。受外物牵累或私欲蒙蔽的'妄心'固然已经动了，由心体明觉而照物的'照心'也是动着的；心既然一直在动，就不会有片刻停息的时刻吧。"

这是你刻意求宁静，所以愈加不宁静。妄心是动，照心不是动。

---

1 语见《中庸》第26章"天地之道，可一言而尽也，其为物不贰，则其生物不测"。
2 至诚无息：终极的至上的"诚"是不会停息的。语见《中庸》第26章"故至诚无息，不息则久"。

恒照则恒动恒静，这就是天地恒久不息的原因。照心固然是照，妄心也是照。天地之道是唯一的存在，而其在生生不息的生物过程中则是微妙不测的，有片刻停息则是息，而非"至诚无息"之学。

点评

本条涉及"妄心"与"照心"这对概念以及"生生不息""恒久不已"的问题。陆澄提出了无论"妄心"还是"照心"都是一种"动"，因而此心无片刻停顿的问题。对此，阳明指出，这种想法的背后是意欲追求所谓的"宁静"。按阳明的说法，心体固然因明觉而有"照心"之用，但就本体而言，它具有"恒照"的特性，即永远不停息照亮。在这个意义上，"恒照"也就等于"恒动恒静"，超越经验世界中的动静之别，而具"至诚无息"的特性。

3

来书云："周子曰'主静'，程子曰：'动亦定，静亦定。'先生曰：'定者心之本体。'是静，定也，决非不睹不闻，无思无为之谓。必常知、常存、常主于理之谓也。夫常知、常存、常主于理，明是动也，已发也。何以谓之静？何以谓之本体？岂是'静，定也'，又有以贯乎心之动静者邪？"

理无动者也。常知、常存、常主于理，即不睹不闻，无思无为之谓也。不睹不闻，无思无为，非槁木死灰之谓也。睹闻思为一于理，而未尝有所睹闻思为，即是动而未尝动也，所谓"动亦定,静亦定""体用一原者"也。（《集评》本第156条）

译文

来信说："周子的'主静'说，程子的'动也定，静也定'说，老师的'定者心之本体'，都是指静就是定，绝非不睹不闻、无思无为的意思，而是指一定要常知、常存、常主于理。常知、常存、常主于理，分明是动，是已发，怎么称为静呢？怎么称为本体？难道还有贯穿'心之动静'之上的什么存在吗？"

理是没有动静的。常知、常存、常主于理，便是不睹不闻、无思无为的意思。不睹不闻、无思无为，不是"槁木死灰"的意思。睹、闻、思、为都一于理，而未尝有所睹、闻、思、为，便是动而未尝动，也就是所谓"动亦定，静亦定""体用一原"。

点评

本条是阳明对陆澄学习中遇到的另一个问题的回答。陆澄认为"静"才是本体，而心体良知的常知、常存、常主于理等说法却表明心体处在"动"——即"已发"的状态之中，因而不再是"静"，也就无所谓"本体"，于是陆澄向阳明发出了"又有以贯乎心之动静者邪"的问题。陆澄似乎以为心体本身必处在动静两端，不可能在心体之上存在另一个超越动静的第三者。针对此问题,阳明的答复很简单，

"理无动者也"。其意是说,从本体的层面来看,理之本体是无所谓动,亦无所谓静的,动静只是理之本体在现象界的两种不同状态,就本体界而言,理是超越于动静之上的。

同样,对阳明而言,心体良知作为本体存在,也是无所谓动,亦无所谓静。如良知本体展现为睹、闻、思、为这四种意识活动,看似处在"动"的状态,其实就良知本体而言,则是"动而未尝动"的。在动的过程中,良知本体又能保持自身不为外物牵动的"静"之状态。因此,这种超越于动静之上的良知本体是即体即用、即动即静的。

4

来书云:"尝试于心,喜怒忧惧之感发也,虽动气之极,而吾心良知一觉,即廓然消阻。或遏于初,或制于中,或悔于后。然则良知常若居优闲无事之地而为之主,于喜怒忧惧若不与焉者,何欤?"

知此则知未发之中,寂然不动之体,而有发而中节之和,感而遂通之妙矣。然谓良知常若居于优闲无事之地,语尚有病。<u>盖良知虽不滞于喜怒忧惧,而喜怒忧惧亦不外于良知也。</u>(《集评》本第158条)

译文

来信说:"尝试体验这心之运动,当喜怒哀乐兴发的时候,虽感动至极,而吾心良知只要一省觉,不当之处便会消散,或在开始时加以遏制，或在中间时加以制止，或在事后有所懊悔。如此良知仿佛居住在悠闲无事之地，但常为主宰，不参与喜怒哀乐情感之中，这么说对吗？"

知晓这个便可以知道未发之中，即寂然不动之体，却有发而中节之和，这便是感而遂通之妙。然而，如果说良知常居住在悠闲无事之地，此说便有不对。这是因为良知虽然不被喜怒哀乐情感所滞留，但喜怒哀乐也不在良知之外。

点评

本条记述虽然简略，涉及的问题却相当重要。陆澄的问题是：良知之于情感发动，究竟"为之主"还是"若不与"？按照阳明的看法，心体本身就是天理，就是良知，心之本体不是单纯的知觉活动，而是作为道德本体的存在，它对感性的知觉活动、情感发动乃至一切知行活动都具有直接的引领和主导的作用，其根据就在于良知具有自知自觉的功能。

阳明晚年提出致良知教之后，这层意思就更为清楚明确，即说心体对情感必具有"为之主"的主导地位和作用。但陆澄的进一步疑问是，为什么良知的主导往往不能直接干预情感的发动，却表现为"若居优闲无事之地而为之主"的样态？显然，陆澄的这些问题是重要的，他要追问良知主宰情感活动的机制究竟如何。从心学的语境来看，问题的实质在于不能光说良知是打通已发未发而浑然一体的存在，更要从理论上讲清楚良知在情感未发或已发之际，是如何做到"为之主"的。

对于陆澄的上述追问,阳明的回答简洁明了。首先,良知就是未发之中,就是寂然不动之体,因而良知在情感未发之际已然存在,一旦情感发动,便自能"发而中节",自有"感而遂通之妙矣";其次,由于良知的存在方式既"不滞于有"又"不堕于无",因此,良知与情感也就处在"不滞"而又"不离"的状态,这就表明情感不能自外于良知而不受良知的主宰。

5

来书云:"先生又曰'照心非动也',岂以其循理而谓之静欤?'妄心亦照也',岂以其良知未尝不在于其中,未尝不明于其中,而视听言动之不过则者皆天理欤?且既曰妄心,则在妄心可谓之照,而在照心则谓之妄矣。妄与息何异?今假妄之照以续至诚之无息[1],窃所未明,幸再启蒙。"

<u>照心非动者,以其发于本体明觉之自然,而未尝有所动也。</u>有所动,即妄矣。妄心亦照者,以其本体明觉之自然者,未尝不在于其中,但有所动耳。无所动,即照矣。无妄无照,非以妄为照,以照为妄也。照心为照,妄心为妄,是犹有妄有照也。有妄有照,则犹贰也。贰则

---

[1] 此句意为,如果假设妄心亦照,那么为何接着又说"至诚无息"?如此,则妄心亦可谓之"至诚无息"吗?这里的解读显然对第151条的阳明论述有所误解。

息矣。无妄无照，则不贰。不贰则不息矣。(《集评》本第160条)

译文

来信说："老师您又说'照心非动'，是不是从循理而谓之静来说？'妄心亦照也'，是说良知未尝不在其中，未尝不明于其中，而视听言动能够遵循其规则便是天理？而且说到妄心，如就妄心本身而言，也可说是一种照；而如就照心而言，则就是妄了。妄心与停息的区别在哪里呢？如今如果假借妄心之照来说明'至诚之无息'，我还是不明白，还望老师指教。"

"照心非动"，是说发自本体自然的明觉，而从未有所动，有所动便是妄。"妄心亦照"，是说其本体自然的明觉，未尝不在其中，只是有所动；无所动便是照。无妄无照，并非以妄为照，以照为妄。照心为照，妄心为妄，就好比是说妄和照是有区别的。有妄有照，这就有了两个心，两个心也就有停息。无妄无照，就不会有两个心，没有两个心也就不会停息。

点评

本条的讨论又回到了前面阳明提出的两个命题即"照心非动也""妄心亦照也"。其中的关键在于如何理解"照心"与"妄心"。阳明指出，如果"照"有片刻的停顿"则息矣"，这就不符合儒学"'至诚无息'之学矣"。可见，"照心"源自"本体明觉"之照，犹如良知自然会"知"，良知亦自然会"照"，即良知按其本然状态而有"照亮"

之作用，所以说"未尝有动"，好比太阳普照大地是其本性使然，而非有意为"照"，故其"照"而"未尝有动"。另一方面，"妄心亦照"的意思是说，妄心亦是"心"而非别为一物，只是"妄心"已不免有"动"，一旦有"动"，便不免有私欲杂念等各种因素掺杂其间，于是就会偏离心体明觉自然之"照"。归根结底，"妄""照"的根源在于"心"，不能说照心是照，而妄心不是照。所以必须打破将照心与妄心割裂为二的错误见解，从根本上了解心体本身是"无妄无照"的，此便是心体"不贰"，此便是"至诚不息"。

6

先生尝语学者曰："心体上着不得一念留滞，就如眼着不得些子尘沙。些子能得几多，满眼便昏天黑地了。"

又曰："这一念不但是私念，便好的念头亦着不得些子。如眼中放些金玉屑，眼亦开不得了。"（《集评》本第335条）

译文

先生曾对学者说："心体上不能留滞一念，就如眼睛里不能留一粒沙子。如果存了些沙子，满眼便昏天黑地了。"

又说："不但是私念，便是好的念头，亦不要存。如果眼中放些金玉屑，眼睛也是睁不开的。"

点评

以上数句意为，不论是私念还是好念，都不能留滞于心体而构成对心体的障碍，好比眼睛着不得一丝灰尘，即便是再金贵的东西——如"金玉屑"，眼睛也容不得它。阳明通过眼睛中存不得沙子亦存不得金玉屑这两种情况，来说明心中的任何念虑情识都不是心体的本来状态，所以首先要明确心体本无。也就是说，坏的念头、情感是不能留滞的，好的念头与情感也不能存留。

7

又曰："目无体，以万物之色为体；耳无体，以万物之声为体；鼻无体，以万物之臭为体；口无体，以万物之味为体；心无体，以天地万物感应之是非为体。"（《集评》本第277条）

译文

阳明说："眼睛没有本体，以万物的颜色为本体；耳朵没有本体，以万物的声音为本体；鼻子没有本体，以万物的气味为本体；嘴巴没有本体，以万物的味道为本体；心没有本体，以天地万物感应的是是非非为本体。"

点评

本条的核心观点无疑是最后一句话:"心无体,以天地万物感应之是非为体。"在阳明看来,心之本体本无,而此处"心无体,以天地万物感应之是非为体"强调的是,心体不是孤悬于天地万物感应活动之外而存在,心体之所以为"体",须以感应之"用"来呈现。

8

黄以方[1]问:"先生格致之说,随时格物以致其知,则知是一节之知,非全体之知也。何以到得'溥博如天,渊泉如渊'地位?"

先生曰:"人心是天渊。心之本体,无所不该,原是一个天,只为私欲障碍,则天之本体失了。心之理无穷尽,原是一个渊,只为私欲窒塞,则渊之本体失了。如今念念致良知,将此障碍窒塞一齐去尽,则本体已复,便是天渊了。"

乃指天以示之曰:"比如面前见天,是昭昭之天,四外见天,也只是昭昭之天。只为许多房子墙壁遮蔽,便不见天之全体。若撤去房子墙壁,总是一个天矣。不可道眼前天是昭昭之天,外面又不是昭昭之天也。于此便见一节之知,即全体之知,全体之知,即一节之知。总是一个本体。"(《集评》本第222条)

---

[1] 黄以方:即黄直。

译文

黄以方问:"先生所说的格致工夫,是随时格物以致其知,那么,所致的知只是一节的知,而不是全体的知。这样怎么能达到《中庸》所说'溥博如天,渊泉如渊'的境界呢?"

阳明答:"人心就是天渊。心的本体是无所不包的,原本是一个天,只是因为私欲遮蔽,所以天的本体丧失了。心之理是无穷尽的,原本是一个渊泉,只是因为私欲遮蔽,所以渊泉的本体丧失了。如今能够念念不忘去致其良知,将此障碍遮蔽,一齐去掉,便是天渊了。"

说到这里,阳明用手指天,说:"比如眼前这天,是昭昭明明的天,四处能见到的天,也是这昭昭明明的天。只是因为有许多房子墙壁遮蔽了它,人便见不到天的全体。如果拆掉这房子墙壁,总是一个天。难道说眼前的天是昭昭明明的天,而外面的就不是昭昭明明的天?由此可见,一节的知便是全体的知,全体的知便是一节的知。总是一个本体。"

点评

本条讨论了"一节之知"与"全体之知"的问题,对于理解良知本体具有重要理论意义。所谓"一节"和"全体"这对概念的关系大致相当于部分与整体的关系。问题是,这两个"知"字究竟指什么?从一般意义上说,知识有部分与整体之分,例如格物致知所获得的有关"一草一木"的经验知识,这类知识有部分与整体之分,从有关草木的部分知识上升到整体知识,就可以构成"植物学",形成有关草木的整体知识，然而这类整体知识只是相对性的，是相对于其他不同的类型例如"物理学"而言的，所以任何经验知识的整体性总会受到自身的局限。然而，阳明所关心的显然不是这类经验知识，而是内含价值的道德知识，即不学而能、不虑而知的良知良能类的德性之知。

那么，涉及价值领域的知识有没有"一节"与"全体"之分呢？严格说来，良知作为普遍的道德之知，其本身是自足圆满、无所亏欠的，作为整体存在而不可分割。也正由此，阳明用"天"来比喻良知，并以"昭昭之天"来指称"天之全体"。人们往往看不到"天之全体"，其原因在于人的眼光受到周围许多房屋等障碍物的影响，如果撤除了这些障碍物，那么，"天"还是那个原来的"昭昭之天"。所以人不能因为受目光所限，便认定"天"也只不过是部分性的存在。阳明以此为喻，旨在强调良知如同"天之全体"而不可分割。然而，"全体之知"的良知又不得不在其发用流行的具体场景中，表现为"一节之知"，如事父应当知孝、事君应当知忠之类的知便是具体的"一节之知"。

可见，"一节之知"并不是对"全体之知"的分节化，而是全体之知的具体呈现，正如阳明最后所说"一节之知，即全体之知，全体之知，即一节之知"。良知"总是一个本体"，是本体之知。显然，这里涉及一个重大理论问题，即理一与分殊、普遍与特殊的关系问题。

十一 良知之「真诚恻怛」

题解

良知不仅仅是"是非之心",而且是"好恶",是有"真诚恻怛[1]"情感在内的存在。在阳明看来,良知无疑是是非对错判断之头脑,但不是观念论意义上的抽象假设,而是充满真诚恻怛之情感的存在。由此情感之发动,良知"当下具足""不须假借",反之,"若须假借,即已非其真诚恻怛之本体矣",也就意味着良知本体的丧失。

1

良知只是个是非之心,是非只是个好恶。只好恶,就尽了是非,只是非,就尽了万事万变。

又曰:"是非两字是个大规矩,巧处则存乎其人。"《集评》本第288条

---

[1] 恻怛(dá):同情怜悯。

译文

良知只是个是非之心，而是非之心只是个好善恶恶。只是个好善恶恶，就尽了是非。只是个是非，就包含了万事万变。

又说："是非两个字便是最大的规矩，巧妙处就存在于每个人自身（如何掌握和运用）。"

点评

本条所揭示的"是非只是个好恶"，是阳明学相当重要的理论命题。何以见得呢？一般而言，良知乃是非之心，这是自孟子以来的传统说法，良知是判断是非善恶的标准。但阳明却将是非与好恶联系起来，是非就是好恶，好恶也就尽了是非。这表明良知不仅是是非标准，更是一种好恶的道德力量。换言之，道德动力的源泉就在于良知。

2

盖良知只是一个天理自然明觉发见处，只是一个真诚恻怛，便是他本体。故致此良知之真诚恻怛以事亲便是孝，致此良知之真诚恻怛以从兄便是弟，致此良知之真诚恻怛以事君便是忠。只是一个良知，一个真诚恻怛。若是从兄的良知不能致其真诚恻怛，即是事亲的良知不能致其真诚恻怛矣。事君的良知不能致其真诚恻怛，即是从兄的良知不能致其真诚恻怛矣。故致得事君的良知，便是致却从兄的良知。

致得从兄的良知，便是致却事亲的良知。不是事君的良知不能致，却须又从事亲的良知上去扩充将来。如此又是脱却本原，着在支节上求了。

<u>良知只是一个。随他发见流行处，当下具足，更无去来，不须假借。</u>然其发见流行处却自有轻重厚薄，毫发不容增减者。所谓"天然自有之中[1]"也。虽则轻重厚薄，毫发不容增减，而原又只是一个。虽则只是一个，而其间轻重厚薄，又毫发不容增减。若得可增减，若须假借，即已非其真诚恻怛之本体矣。此良知之妙用所以无方体无穷尽，"语大天下莫能载，语小天下莫能破"者也。（《集评》本第189条）

译文

良知只是一个天理的自然明觉发见处，只是一个真诚恻怛，就是他的本体。所以用致此良知的真诚恻怛去侍奉父母就是孝，用致此良知的真诚恻怛去尊敬兄长就是悌，用致此良知的真诚恻怛去侍奉君主便是忠。只有一个良知，只有一个真诚恻怛。若是尊敬兄长的良知不能致其真诚恻怛，便是侍奉父母的良知不能致其真诚恻怛；侍奉君主的良知不能致其真诚恻怛，便是尊敬兄长的良知不能致其真诚恻怛。所以致得侍奉君主的良知，便是致尊敬兄长的良知；致得尊敬兄长的良知，便是致侍奉父母的良知。不是侍奉君主的良知不能致，却要在

---

[1] 天然自有之中：此句意为"中"是天然自有、必然存在的。程颐说："事事物物上皆有个中在那上，不待人安排也。"（《程氏遗书》卷十七）朱子《大学或问》引此语曰："程子谓天然自有之中。"

侍奉父母的良知上扩充出去。这样就是脱却本原，执着在枝节上寻求了。

良知只是一个，随他发见流行处，当下具足，没有过去与将来，不须假借。然其发见流行处，却自然有轻重厚薄的分别，毫厘不容增减，所谓"天然自有之中"。虽然有轻重厚薄的分别，毫发不容增减，但原本又只是一个。虽然只是一个，而其间轻重厚薄的分别，又毫发不容增减。如果是可增减、可假借，就不是真诚恻怛的本体了。这就是良知的妙用之所以没有方体，没有穷尽，要说"大"，大到天下都无法承载，要说"小"，小到天下都无法消解。

点评

本条中，阳明首次提出了一个特殊说法，即以"真诚恻怛"来描述良知本体的特质，值得注意。其意是说，良知本体是最为真实无妄的实体存在，同时又最能体现人类具有的同情心、怜悯心等情感因素。也就是说，良知本体包含了性与情两个方面的重要因素，它不仅是形上存在的性体，同时又是内在情感的表现，而两者之间是密不可分的。

进而阳明指出，良知"只是一个"，在有关仁义礼智等的道德活动中，良知无所不在；与此同时，良知也只是"一个真诚恻怛"，在有关事君之忠、侍父之孝等的道德行为中，无不贯穿着"真诚恻怛"的情感，必须要做到真心实意。但是，这并不意味着"忠"有"忠"的真诚恻怛，"孝"有"孝"的真诚恻怛，而是说作为良知本体的真诚恻怛必然贯通于所有的道德行为中。比方说，事君之忠的良知并不是从事父之孝的良知那里扩充过来（假借过来），倘若如此，良知就被割裂了。良知只有一个，它可以同时贯通所有的道德行为。

十二 良知是造化的精灵

题解

在阳明看来,良知不仅是心之本体,亦是天理,更是"造化的精灵",从天地宇宙、万事万物角度来阐述良知的本体、根源性存在,即"良知即天""天即良知",这无疑是将良知宇宙化、本体化了。而且阳明"良知是造化的精灵"之说法与其"心外无物""万物一体"论紧密相关,表明天地万物以良知为存有本体,良知是天地鬼神、草木瓦石等世间万物的存在根据。

1

先生曰:"'先天而天弗违',天即良知也。'后天而奉天时',良知即天也。"(《集评》本第287条)

译文

阳明说:"'先天而天弗违',乃是讲天即良知;'后天而奉天时',乃是说良知即天。"

点评

本条揭示了两个命题,即"天即良知"与"良知即天"。这个说法如同程朱理学家的"天即理"或"理即天",在阳明这里,就是"良知即天理""天理即良知"。阳明认为,良知已经不再是单纯的个体性道德意识或是非判断力,更是宇宙万物的根源性存在。如同理是实理,良知也成了实理,即实体存在。黄宗羲[1]对于阳明所说的"先天之学"与"后天之学"有一个解释,可备一参:"先生言致良知以格物,便是先天而天弗违;先生言格物以致其良知,便是后天而奉天时。"(《明儒学案》卷十《姚江学案》)

2

先生曰:"良知是造化的精灵。这些精灵,生天生地,成鬼成帝,皆从此出。真是与物无对。人若复得他,完完全全,无少亏欠,自不觉手舞足蹈,不知天地间更有何乐可代?"(《集评》本第261条)

译文

阳明说:"良知是造化的精灵。这些精灵,生天生地,成鬼成帝,

---

[1] 黄宗羲(1610—1695):字太冲,一字德冰,号南雷,别号梨洲老人、梨洲山人,浙江省余姚市人,著有《明儒学案》《宋元学案》《明夷待访录》《孟子师说》等。

皆从此出，是不与物相对的存在。人如果能完完全全恢复它，没有欠缺，自然不觉手舞足蹈，不知天地间更有什么快乐可以替代。"

点评

本条将良知置于宇宙生成论的视域来进行讨论，把良知说成是天地造化过程中的"精灵"——某种最为精妙的灵气。这些"精灵"是天地鬼神（包含万物）得以生成的根源，甚至无法用语言明确规定，只能说是"与物无对"。"无对"即无相对之意，就是"绝对"。在宋代理学史上，程颢曾有"此道与物无对"一语，想必阳明是从那里借用过来的，用以指称良知存在就是"与物无对"的绝对，从而成为宇宙万物的本体存在。阳明还指出，若能完全把握良知本体，人必然会产生一种精神愉悦，生发出超越尘世间任何情感的快乐，而这种愉悦也就是最高的精神境界。

3

朱本思[1]问："人有[2]虚灵，方有良知。若草木瓦石之类，亦有良知否？"

---

1 朱本思：朱得之，字本思，号近斋，江苏省靖江市人，《常州府志》卷二十三有传。编有《稽山承语》，录阳明语，今存。
2 有：一本作"心"。

先生曰:"人的良知,就是草木瓦石的良知。若草木瓦石无人的良知,不可以为草木瓦石矣。岂惟草木瓦石为然?天地无人的良知,亦不可为天地矣。盖天地万物,与人原是一体。其发窍之最精处,是人心一点灵明。风雨露雷,日月星辰,禽兽草木,山川土石,与人原只一体。故五谷禽兽之类,皆可以养人。药石之类,皆可以疗疾。只为同此一气,故能相通耳。"（《集评》本第274条）

译文

朱本思问:"人有虚灵的心,所以才有良知,草木瓦石之类,也有良知吗?"

阳明答:"人的良知就是草木瓦石的良知。如果草木瓦石没有人的良知,就不成为草木瓦石了。岂止是草木瓦石如此,天地没有人的良知,也不能成为天地。盖天地万物原本是与人一体的,它的开窍最精处,就是人心的那一点灵明,风雨露雷、日月星辰、禽兽草木、山川土石,与人原本是一体的。所以五谷、禽兽之类都可以养人,药石之类都可以治病。只是因为同此一气流行,所以能够相通。"

点评

本条与第261条"良知是造化的精灵"的内容相同,亦与"万物一体"论有相通之处。一般以为,良知是人心所特有的一种道德知觉或能力,除了人以外,植物、动物、山川土石之类不可能具有良知。就本条来看,阳明显然认为良知的遍在性具体表现为人与万物的"一体"性。天地万物的"最精处"也就是"人心一点灵明",彼此构成相互关联的整体性存在。

基于此,阳明说:"人的良知,就是草木瓦石的良知""天地无人的良知,亦不可为天地矣",重要的是,"风雨露雷,日月星辰,禽兽草木,山川土石"等所有存在,都与人类构成"一体"同在的关系,阳明的依据是万物"同此一气,故能相通"。

按照这个说法,良知似乎也是由气构成。其实,单从结构论的角度看,良知与气固然构成一体的关系,然而若从体用论的角度看,良知之体不必借助于气而存在,因为良知是"乾坤万有基"的形上依据,只是良知之体应感而动,故良知之用不得不借助于气而发用流行。要之,阳明在这里阐发了以良知为基础的"万物一体"论,而不是以气为基础的宇宙论。

十三 致良知

题解

"良知"学说是阳明晚年成熟时期的重要思想观点之一。阳明指出"尔那一点良知,是尔自家底准则",良知是试金石、指南针,格物致知便是要求依着良知而作,这就是阳明"致良知"工夫论。"良知"两字是阳明经过"千死百难"之后重新"发明"的,"致良知"工夫亦不可轻易待之。

1

庚辰[1]往虔州[2]再见先生,问:"近来功夫虽若稍知头脑。然难寻个稳当快乐处。"

先生曰:"尔却去心上寻个天理,此正所谓理障[3]。此间有个诀窍。"

曰:"请问如何?"

---

1 庚辰:正德十五年(1520)。
2 虔州:今江西省赣县。
3 理障:佛教用语,意为被理的外在表象所迷惑。

曰："只是致知。"

曰："如何致？"

曰："尔那一点良知，是尔自家底准则。尔意念着处，他是便知是，非便知非，更瞒他一些不得。尔只不要欺他，实实落落依着他做去。善便存，恶便去。他这里何等稳当快乐！此便是格物的真诀，致知的实功。若不靠着这些真机，如何去格物？我亦近年体贴出来如此分明。初犹疑只依他恐有不足，精细看无些小欠阙。"（《集评》本第206条）

译文

庚辰年，九川又往虔州拜见阳明，问："我近来觉得功夫稍有头脑处，却难找到稳当快乐的所在。"

阳明答："你是到心上寻个天理，这便是所谓的'理障'，此间有个诀窍。"

请问："这诀窍是什么？"

阳明答："只是致知。"

九川问："如何致？"

阳明答："你那一点良知，就是你自己的准则。当你意念发动时，对的它便知是对，错的它便知是错，一点都瞒它不过。你只要不欺瞒它，实实在在依着它去做，善便存，恶便去，这是何等的稳当快乐啊！这就是格物的真诀，致知的实际功夫。若不靠着这些真机，怎么去做功夫？我也是近些年来体会得如此明白。起初还怀疑它恐怕有不足，细细看来，没有任何欠缺。"

点评

正德十五年（1520），阳明49岁，正式提出"致良知"观点。阳明指出，"良知"是"自家底准则"，只要依着它实实在在为善去恶，便是"格物的真诀""致知的实功"。换言之，所谓格物致知并不似想象中那样烦琐困难，而是要按照自己的良知去做，寻求人生最大的精神快乐。

2

先生曰："这些子看得透彻，随他千言万语，是非诚伪，到前便明。合得的便是，合不得的便非，如佛家说心印[1]相似，真是个试金石、指南针。"（《集评》本第208条）

译文

阳明说："如果把这个看透，随他千言万语，是非诚伪，便自明白。与良知符合的就是正确的，与良知不符合的就是错误的，就像佛家所说心印一样，良知真是个试金石、指南针。"

---

1 心印：以心印证。原为禅宗语："达摩西来，不立文字，单传心印。"（《祖庭事苑·八》）

点评

在此,阳明将"良知"看作评判、审查人类一切言行是非善恶的试金石、指南针。与良知相合的,按照自己良知而行的就是正确的、善良的;相反,与自己的良知相悖的,不按照良知而行的,就是错误的、邪恶的。

3

先生曰:"人若知这良知诀窍,随他多少邪思枉念,这里一觉,都自消融。真个是灵丹一粒,点铁成金。"（《集评》本第209条）

译文

阳明说:"人如果知道良知这个诀窍,这良知一旦觉醒,任凭他有多少邪思妄念,就都自然消融。真是个灵丹妙药,点铁成金。"

点评

这里,阳明再次表达"良知"至高无上的地位及其意义,以灵丹一粒来刻画良知之妙用、大用。

4

崇一曰:"先生致知之旨,发尽精蕴。看来这里再去不得。"

先生曰:"何言之易也?再用功半年看如何。又用功一年看如何。功夫愈久,愈觉不同。此难口说。"（《集评》本第210条）

译文

崇一说:"老师致良知,真是揭发义理精蕴。到这里,便无法再精进一步。"

阳明问:"哪能说得这么容易?再用功半年,看看如何?再用功一年,看看如何?用功夫时间越久,便越会觉得不同,这很难用言语来说。"

点评

以上三条讲的都是良知问题,可以结合起来看。由第210条的记录看,欧阳德称阳明最近提出的"致知之旨,发尽精蕴",这里的"致知"指的其实就是"致良知"。结合第208条来看,其中虽然没有提及良知,但是,阳明用了"试金石""指南针"这样的术语,所指应当就是良知,因为只有良知才是判断是非善恶的"试金石""指南针"。同样,在第209条,阳明借用"灵丹一粒,点铁成金"这一佛学语,旨在强调"良知诀窍"是成圣成贤的关键。

可以说,自1520年以后,阳明在江西分别对陈九川、夏良胜、邹守益、欧阳德等大弟子再三强调"致良知"这一观念。按照这一条的说法，即"先生致知之旨，发尽精蕴"，而所谓充分发挥精妙之意蕴的"致知之旨"，显然就是"致良知"学说。而"此'致知'二字，真是个千古圣传之秘"（《集评》本第211条），指的也就是阳明提出的"致良知"思想。

5

九川问曰："伊川说到'体用一原，显微无间'处，门人已说是泄天机。先生致知之说，莫亦泄天机太甚否？"

先生曰："圣人已指以示人，只为后人掩匿，我发明耳。何故说泄？此是人人自有的，觉来甚不打紧一般。然与不用实功人说，亦甚轻忽可惜，彼此无益。与实用功而不得其要者提撕之，甚沛然得力。"（《集评》本第212条）

译文

九川问："伊川说个'体用一源，显微无间'，他的学生已说'这是泄露天机'。老师您说'致良知'，恐怕也太过于泄露了天机吧？"

阳明答："圣人早已将致知指示给人看了，只是后人掩藏了它，我只不过重新把它揭发明示出来而已。为什么说泄露？这本来是人人都有的，便觉得似乎不重要。然而，如对不用实功的人去解说，他们便会非常轻视，而且对说者和听者都没有益处；而如果对真实用功的人加以提醒说明，他们便觉得获得了充沛的力量。"

点评

针对陈九川"泄露天机"的质疑，阳明首先拒绝承认"良知"两字是他泄露的"天机"，因为"良知"两字是圣人早已"指以示人"的公开秘密了。然而，在阳明看来，如同"道统"或者"圣人之学"自孔孟以降早已失传一般，良知两字也被"后人掩匿"，因此要等到他重新将此"发明"出来。这意味着良知学说的重新发现。

6

先生曰："吾教人致良知在格物上用功，却是有根本的学问。日长进一日，愈久愈觉精明。世儒教人事事物物上去寻讨，却是无根本的学问。方其壮时，虽暂能外面修饰，不见有过。老则精神衰迈，终须放倒。譬如无根之树，移栽水边。虽暂时鲜好，终久要憔悴。"（《集评》本第239条）

译文

阳明说："我教人致良知只是在格物上用功夫，这便是根本的学问，一日渐长一日，时间久了自然会精细而明察。世儒教人在事事物物上寻讨，却是无根本的学问。当其少壮之时，虽外面暂时能够修饰停当，不见有过错，老来精神衰落，终究会倒下。譬如无根之树，移栽至水边，虽一时显得鲜亮，但终究是会憔悴的。"

点评

在这里，阳明颇为自信地表明，自己教人"致良知"是有根本的学问，并批评世儒只在事事物物上寻求定理的做法，认为这是无根本的学问，是无根之树。

7

一友静坐有见，驰问先生。

答曰："吾昔居滁[1]时，见诸生多务知解口耳异同，无益于得，姑教之静坐。一时窥见光景，颇收近效。久之，渐有喜静厌动，流入枯槁之病。或务为玄解妙觉，动人听闻。故迩来只说致良知。良知明白，随你去静处体悟也好，随你去事上磨炼也好，良知本体原是无动无静的，此便是学问头脑。我这个话头，自滁州到今，亦较过几番，只是致良知三字无病。医经折肱[2]，方能察人病理。"（《集评》本第262条）

---

1 滁：滁州，今安徽省滁州市。正德八年（1513）起阳明为滁州督马政。
2 折肱（gōng）：比喻经受磨炼、积累阅历。语见《左传》定公十三年载："三折肱为良医。"肱：手臂。

译文

一个朋友静坐时有所发现，急忙跑去请教阳明。

阳明说："我之前在滁州时，看见许多学生大多在知解口耳方面的异同上下工夫，这对内心而言没有帮助，所以我暂且教他们静坐。一时间，他们静坐便看见了良知的光景，颇能收近期之效验；时间长了，他们渐渐地有喜静厌动而流入枯槁的弊病，或有人用力于玄妙解释和觉悟，那只是耸人听闻而已。所以我近来只说致良知。良知如果明白，任凭你去静处体悟也好，去事上磨炼也罢，良知本体原是无动无静。这就是学问的头脑。我这番话自滁州到现在，也改正过好几次，只是'致良知'这三个字没有弊病。就如医学经书上所说的，必要积累一定的阅历和经验，才能准确地观察到病人生病的缘由和机理。"

点评

根据《阳明年谱》的记载，本条是阳明对正德九年（1514）在滁州的教学的一番回顾和反思。据载，当时阳明跟众弟子在僧寺"静坐"，以体悟"性体"，竟然有"恍恍若有可即者"的体验，此即所谓"光景"。

关于"光景"一词（另参第97和第162条），这是阳明晚年提出致良知之后曾经使用的词语，含有批评之意。因为"光景"只是某种影子，即通常所谓随形如影，而不是真实的存在。阳明晚年表示出一种担忧，他担心门人弟子尽管大多已经知道良知的道理，却不落实致良知，而把"良知"两字当作一种"光景"玩弄，不免"辜负此知"。

据《与辰中诸生·己巳》，阳明在1509年底出任庐陵知县，在赴任途中经湖南辰州,曾进行讲学。当时阳明教人"静坐",并将"静坐"说成是补充"小学"的一段工夫(《全集》卷四)。看来,阳明早已意识到静坐只是一种方便法门,而不是终极教义。及至晚年,阳明在提出致良知之后,对于静坐问题的反省就更为彻底,提出了"良知本体原是无动无静"的重要观点。

只是在阳明门下,仍有不少弟子不断就如何平息思虑、澄清杂念以把握良知的问题向阳明发问,故而阳明专意指出:"良知明白,随你去静处体悟也好,随你去事上磨炼也好。"其意是说,致良知本来就不应拘泥于静中涵养或动中省察,这是因为,致良知其实是贯穿于一切动静的根本工夫。

8

先生曰:"'天命之谓性',命即是性;'率性之谓道',性即是道;'修道之谓教',道即是教。"

问:"如何道即是教?"

曰:"道即是良知。良知原是完完全全,是的还他是,非的还他非。是非只依着他,更无有不是处。这良知还是你的明师。"(《集评》本第265条)

译文

阳明说:"'天命之谓性',是说命就是性;'率性之谓道',是说性即是道；'修道之谓教'，是说道即是教。"

问："为什么说'道即是教'？"

阳明答："道就是良知。良知原是完完全全的，对的便还它对，错的便还它错，是非只要依着它，就没有不恰当的。这良知还是你的明师。"

点评

在阳明看来，良知即是性，即是道。良知是圆满具足、无有亏欠的，是关于是非善恶的判断力，是非善恶都不能逃过良知的审查和评判。究极而言，良知即是教，也就是我们每个人的"明师"。

十四 本体工夫

题解

"致良知",在阳明看来便是本体工夫,这是基于工夫与本体相即不离的思想。所谓"本体工夫",意同"本领工夫",是说工夫需要由"本体"作为"本领"或"主脑"。阳明着重论述工夫没有内外之别,分别而言,居敬存养就是"一心在天理上",而穷理省察、格物致知等外向工夫也需要心体、良知的引领。

可以说,阳明在心学本体论的基础之上,将《大学》的一系列工夫看成一套系统,即以心体为工夫论之原则,来贯穿《大学》乃至于儒家经典所涉及的所有工夫。及至晚年,阳明又以"良知"概念为核心,建构起一套致良知工夫。

可见,阳明的工夫论主张有一个重要特征,亦即以道德价值之本心为统摄一切工夫的依据,将所有向外求知的知识活动统摄在心体之中。与此同时,格物致知等外向工夫只要由心体引领,也可与心性涵养工夫统一起来,而不至于一概排斥求知活动。

1

梁日孚[1]问:"居敬穷理是两事,先生以为一事。何如?"

先生曰:"天地间只有此一事,安有两事?若论万殊,礼仪三百,威仪三千,又何止两?公且道居敬是如何?穷理是如何?"

曰:"居敬是存养功夫,穷理是穷事物之理。"

曰:"存养个甚?"

曰:"是存养此心之天理。"

曰:"如此亦只是穷理矣。"

曰:"且道如何穷事物之理?"

曰:"如事亲,便要穷孝之理。事君,便要穷忠之理。"

曰:"忠与孝之理在君亲身上?在自己心上?若在自己心上,亦只是穷此心之理矣。且道如何是敬?"

曰:"只是主一。"

曰:"如何是主一?"

曰:"如读书,便一心在读书上。接事,便一心在接事上。"

曰:"如此则饮酒便一心在饮酒上,好色便一心在好色上。却是逐物,成甚居敬功夫?"

日孚请问。

曰:"一者,天理。主一是一心在天理上。若只知主一,不知一

---

[1] 梁日孚(1483—1528):梁焯,字日孚。今广东省南海区人,正德九年(1514)进士,从学阳明于赣州。

即是理，有事时便是逐物，无事时便是着空。惟其有事无事，一心皆在天理上用功，所以居敬亦即是穷理。就穷理专一处说，便谓之居敬。就居敬精密处说，便谓之穷理。却不是居敬了，别有个心穷理，穷理时，别有个心居敬。名虽不同，功夫只是一事。就如《易》言'敬以直内，义以方外'，敬即是无事时义，义即是有事时敬。两句合说一件。如孔子言'修己以敬'，即不须言义。孟子言集义，即不须言敬。会得时，横说竖说，工夫总是一般。若泥文逐句，不识本领，即支离决裂，工夫都无下落。"

问："穷理何以即是尽性？"

曰："心之体，性也。性即理也。穷仁之理，真要仁极仁。穷义之理，真要义极义。仁义只是吾性。故穷理即是尽性。如孟子说'充其恻隐之心，至仁不可胜用'，这便是穷理工夫。"

日孚曰："先儒谓'一草一木亦皆有理，不可不察'，如何？"

先生曰："夫我则不暇。公且先去理会自己性情。须能尽人之性，然后能尽物之性。"

日孚悚然[1]有悟。（《集评》本第117条）

译文

梁日孚问："居敬、穷理是两件工夫，老师认为是一件，为什么？"

阳明答："天地之间只有这一件事，哪有两件事？若是说万殊，

---

[1] 悚（sǒng）然：震惊貌。

则是'礼仪三百,威仪三千',又怎么说是只有两个?你说居敬是什么,穷理又是什么?"

日孚答:"居敬是存养工夫,穷理是穷尽事物之理。"

阳明问:"存养什么?"

日孚答:"存养此心中的天理。"

阳明说:"如此也就是穷理。"

阳明问:"再说如何是穷事物之理呢?"

日孚答:"比如事亲要穷孝之理,事君要穷忠之理。"

阳明说:"忠与孝之理是在君亲身上,还是在自己心上呢?若是在自己心上,也只是穷此心中的理。你再说如何是敬?"

日孚答:"只是主一。"

阳明问:"如何是主一?"

日孚答:"如读书便一心在读书上,接事便一心在接事上。"

阳明问:"如此饮酒便一心在饮酒上,好色便一心在好色上,这是逐物,算什么居敬工夫?"

梁日孚请问。

阳明答:"一,就是天理,主一就是主一在天理上。若只知主一,不知一就是理,遇事时便逐物,无事时便着空。唯有在有事与无事时,一心都在天理上用功,这样居敬也就是穷理。就穷理专一的角度来说,便是居敬;就居敬精密的角度来说,便是穷理。而不是居敬外别有个穷理,穷理外别有个居敬,名称虽然不同,工夫却都是一事。就如《周易》所说的'敬以直内,义以方外',敬是无事时的义,义是有事时的敬,两句是说一件事。再如孔子说'修己以敬',则不须再说义;孟子说'集义',则不须再说敬。若能对学问融会贯通,那么即便横说竖说,工夫总是这一件;如果只是拘泥于文字语句,不识学问之本领,便会导致支离破碎,工夫没有下手处。"

日孚问:"穷理怎么说是尽性?"

阳明答:"心之体,就是性,性就是理,穷仁之理就要做到极仁,穷义之理就是要做到极义。仁义只是我的心性,所以穷理就是尽性,就像孟子所说的'扩充恻隐之心,至仁不可胜用',这便是穷理工夫。"

日孚问:"先儒谓'一草一木亦皆有理,不可不察',您怎么看?"

阳明答:"我是没有这工夫的。你先去理会自己的性情。须要尽人之性,然后能尽物之性。"

日孚顿时有所领悟。

点评

本条讨论工夫论中的两个重要关系,一是居敬与穷理的关系,阳明指出这两种工夫其实就是一事;二是穷理与尽性的关系,阳明指出这两种工夫同样也是一件事。其实,这两个问题也就是一个问题:内在心性的涵养与向外求知的穷理,究竟是密不可分的一件事,还是互不关联的两件事?

根据程朱理学工夫论的核心主张"涵养须用敬,进学则在致知",工夫实践显然有两个方面,第一主要是内心修养,第二则主要是向外求知。

所以，问题的讨论就自然从何谓居敬开始。阳明弟子梁日孚以"主一"（即意识集中）来解释居敬，然而阳明却尖锐指出，如果按照这样的解释，那么，喝酒只要一心在喝酒上，好色只要一心在好色上，也能做到意识的高度集中，却不问这种行为本身的合理性，其结果可想而知，所谓意识集中的居敬将沦落为违反道德价值的行为。也就是说，单纯地讲意识集中，却不问这种意识活动的主导者（即阳明喜欢使用的"头脑"）是谁，必将导致行为错误、是非颠倒，由此，所谓的居敬就失去了真正的价值。这就是阳明强调"不识本领，即支离决裂，工夫都无下落"的根本缘由。

按照阳明的主张，"一者，天理。主一是一心在天理上"，也就是说，所谓"主一"的居敬工夫必须由内心的天理来主宰，由于"心即理也"，所以，实际的主宰者就是"心"。重要的是，此"心"非知觉经验之心，而是道德之本心。

在阳明看来，无论是居敬还是穷理，在所有这些工夫的实践过程中，都必须听由"本心"的指挥和领导。"一心皆在天理上用功"，那么，居敬亦即是穷理，反之也一样，穷理亦即是居敬。至于穷理与尽性的关系问题，由于心即性，性即理，因此，穷仁之理、穷义之理，也就是尽吾性之仁义，"故穷理即是尽性"。

十五 事上磨炼

题解

"致良知"无疑是阳明工夫论的头脑和宗旨,但同时阳明强调为学工夫须按照孟子的"必有事焉"来实行,即强调须在日常生活当中每时每刻不间断地进行实践。他继而批评在"勿忘勿助"上做工夫,因为如果只在意念上刻意追求所谓的"勿忘勿助",无疑是一种"全无实落下手处"、犹如佛老一般的"沉空守寂"之学,必将为害不浅。

1

问:"静时亦觉意思好。才遇事,便不同。如何?"

先生曰:"是徒知养静,而不用克己工夫也。如此临事便要倾倒。人须在事上磨,方立得住,方能静亦定,动亦定。"《集评》本第23条）

译文

问:"静的时候也觉得这意思很好,但遇到事情就不同了,为什么呢?"

阳明说:"这是因为你只知养静,而不知克己工夫。这样一来,遇事便会颠倒。人必须在事情上磨炼,方才站得住,方能做到静时亦定,动时亦定。"

点评

针对弟子静坐时与遇事时言行功效不同的情况,阳明批评弟子们只知道养静工夫,强调唯有在"事上磨",方才做到"静亦定,动亦定"。

2

省察是有事时存养,存养是无事时省察。(《集评》本第36条)

译文

省察是遇到事情时的存养,存养是无事时候的省察。

点评

在此,阳明给《中庸》"存养""省察"工夫一番新的解读,视省察为"有事"时的存养,视存养为"无事"时的省察,将省察、存养贯通起来。

3

澄[1]尝问象山在人情事变上做工夫之说。

先生曰:"除了人情事变,则无事矣。喜怒哀乐非人情乎?自视听言动以至富贵贫贱患难死生,皆事变也。事变亦只在人情里。其要只在致中和,致中和只在谨独。"《集评》本第37条）

译文

陆澄问:"象山说'要在人情事变上做工夫',这句话怎么讲?"

阳明说:"除了人情事变,便没有什么事情了。喜怒哀乐不是人情吗?视听言动、富贵贫贱、患难生死,都属于事变。而事变也都在人情之内。所以工夫的要领在于做到'喜怒哀乐未发之谓中,发而皆中节之谓和'的'中和'境地,而'致中和'只不过是'谨独'工夫。"

点评

本条阳明强调"事上磨炼"的一贯主张,可与前出第23、28条合观。由陆澄所引陆九渊语,可见"事上磨炼"是心学的一贯立场。

阳明指出,人情与事变是人一生不得不面对的存在事实,从喜怒哀乐、视听言动一直到富贵贫贱、患难死生,一切皆在其中。从工夫

---

[1] 澄:陆澄,字原静,一字清伯,浙江承宣布政使司湖州府归安县(今浙江省湖州市吴兴区)人,正德十二年(1517)进士。

论上讲,关键在于如何做到"喜怒哀乐未发谓之中,发而皆中节谓之和",即如何实现"致中和"。因此说,所谓"事上磨炼"不是随波逐流、舍心逐物,而是在应事接物之际,即在日常生活中,切切实实地通过慎独,使内心世界保持本来的人心天理浑然一体的理想状态。

4

我此间讲学,却只说个"必有事焉",不说勿忘勿助。"必有事焉"者,只是时时去集义。若时时去用必有事的工夫,而或有时间断,此便是忘了,即须勿忘。时时去用必有事的工夫,而或有时欲速求效,此便是助了,即须勿助。<u>其工夫全在必有事焉上用</u>。勿忘勿助,只就其间提撕警觉而已。若是工夫原不间断,即不须更说勿忘。原不欲速求效,即不须更说勿助。此其工夫何等明白简易!何等洒脱自在!今却不去"必有事"上用工,而乃悬空守着一个勿忘勿助。此正如烧锅煮饭,锅内不曾渍[1]水下米,而乃专去添柴放火,不知毕竟煮出个什么物来。吾恐火候未及调停,而锅已先破裂矣。

近日一种专在勿忘勿助上用工者,其病正是如此。终日悬空去做个勿忘,又悬空去做个勿助,渀渀[2]荡荡,全无实落下手处。究竟工

---

1 渍:一本作"注"。
2 渀渀(bèn):渺茫。

夫只做个沉空守寂[1]，学成一个痴騃[2]汉，才遇些子事来，即便牵滞纷扰，不复能经纶宰制[3]。此皆有志之士，而乃使之劳苦缠缚，担阁[4]一生，皆由学术误人之故。甚可悯矣。（《集评》本第186条）

译文

我此间讲学，仅说个"必有事焉"，而不说"勿忘勿助"。必有事焉，就只是时时刻刻去集义。若时时去做必有事的工夫，如果有时间断了，便忘了，即须勿忘；时时去做必有事的工夫，如果有时欲速求效，此便是助了，即须勿助。工夫全在必有事焉上用，勿忘勿助，只是在此期间提撕警觉而已。如果工夫原本就不间断，便不须说勿忘；原本没有欲速求效，便不须说勿助。这个工夫是何等明白简易，何等洒脱自在！今不去必有事上做工夫，却来悬空守着一个"勿忘勿助"，此正如烧锅煮饭，锅内不曾倒水放米，便去添柴放火，不知能煮出个什么物？恐怕火候未及调停，而锅已先破裂了。

近日一种专在"勿忘勿助"上做工夫的人，其弊病正是如此。终日悬空去做个勿忘，又悬空去做个勿助，茫茫荡荡，全然没有实落下手处。这样做工夫，只能做个沉空守寂，学成一个痴呆汉，一遇到事情来，便会牵滞纷扰，不再能筹划治理社会事务。此都是有志之士，

1　沉空守寂：喻指专说空寂的佛老之学。
2　痴騃（ái）：愚蠢笨拙。
3　经纶宰制：筹划治理社会事务。
4　担阁：耽搁。

却使之劳苦如此，耽误一生。这便是学术误人，太可怜了。

点评

在此，阳明强调他讲学内容仅是"必有事焉"，而不可说"勿忘勿助"。所谓"必有事焉"，就是强调时时刻刻去做集义工夫，不可间断，便是勿忘；时时刻刻必有事焉，而有时会有欲速求快的心理，这时便需要勿助。阳明批评了不在"必有事焉"上做工夫，反而悬空去做"勿忘勿助"的行为。

5

夫必有事焉，只是集义，集义只是致良知。说集义则一时未见头脑，说致良知即当下便有实地步可用工，故区区专说致良知。随时就事上致其良知，便是格物；着实去致良知，便是诚意；着实致其良知，而无一毫意必固我，便是正心；着实致良知，则自无忘之病。无一毫意必固我，则自无助之病。故说格致诚正，则不必更说个忘助。孟子说忘助，亦就告子得病处立方。告子强制其心，是助的病痛。故孟子专说助长之害。告子助长，亦是他以义为外，不知就自心上集义，在必有事焉上用功，是以如此。

若时时刻刻就自心上集义，则良知之体，洞然明白。自然是是非非，纤毫莫遁。又焉有"不得于言，勿求于心。不得于心，勿求于气"

之弊乎？孟子集义养气之说，固大有功于后学。然亦是因病立方，说得大段。不若《大学》格致诚正之功，尤极精一简易为彻上彻下，万世无弊者也。（《集评》本第187条）

译文

"必有事焉"只是要求时刻去"集义"，而"集义"也就是"致良知"。但说"集义"就容易见不到工夫的头脑处，说"致良知"就有当下实地可用工夫，所以我专说致良知，随时就事上致其良知，就是格物；着实去致其良知，便是诚意；着实去致其良知，而没有一毫意必固我，便是正心。着实去致其良知，则自然没有"忘"的毛病，没有一毫意必固我，则自然没有"助长"的毛病。因此说个"格致诚正"，就无须再说个忘助。孟子说"勿忘勿助"也是就告子得病处开的药方。告子强制他的心，就是"助"的病痛，所以孟子专说助长的危害。告子助长，是因为他以义为外，不知在自己的心上"集义"，在"必有事焉"上用功。

如果时时刻刻在自己心上"集义"，则自然洞彻明白良知的本体，自然是是非非都清清楚楚，又哪有"不得于言，勿求于心。不得于心，勿求于气"的毛病？孟子"集义""养气"的说法，固然对后代求学的人有很大的帮助，但也是因病而开的药方，终究不如《大学》格致诚正工夫，更精一简易，彻上彻下，万世都没有弊病。

点评

以上两条可关联起来看，主要讨论孟子所说的一系列工夫主张，"必有事焉""勿忘勿助""集义""养气"以及孔子的"四勿"说等。

在阳明看来，这些先秦儒家所主张的工夫学说，都可以统摄在致良知当中，即以"随时就事上致其良知"就可以统领其他所有工夫。所以说，"着实去致良知"便是诚意、格物、致知、正心、勿忘勿助，而"集义"亦须从"自心上集义"，这是因为"良知之体，洞然明白。自然是是非非，纤毫莫遁"。诸如此类，阳明竭力强调的是致良知的普遍性，用他的话来讲，叫作"彻上彻下，万世无弊"。

6

圣贤论学，多是随时就事。虽言若人殊，而要其工夫头脑若合符节。缘天地之间，原只有此性，只有此理，只有此良知，只有此一件事耳。故凡就古人论学处说工夫，更不必挣和兼搭而说，自然无不吻合贯通者。才须挣和兼搭而说，即是自己工夫未明彻也。

近时有谓集义之功，必须兼搭个致良知而后备者，则是集义之功，尚未了彻也。集义之功，尚未了彻，适足以为致良知之累而已矣。谓致良知之功，必须兼搭一个勿忘勿助而后明者，则是致良知之功，尚未了彻也。致良知之功，尚未了彻，适足以为勿忘勿助之累而已矣。若此者皆是就文义上解释牵附，以求混融凑泊，而不曾就自己实工夫

上体验，是以论之愈精，而去之愈远。（《集评》本第188条，有所删减）

译文

圣贤议论学问，大多是随时论事，虽然言辞因人而异，但在工夫头脑处却是吻合的。因为天地之间，原本只有这个性，只有这个理，只有这个良知，只有这一件事而已。所以凡是就古人论学中说工夫的地方，就不必掺和挂搭去说，自然无不吻合贯通；如果须要牵合挂搭去说，就是自己的工夫还未透彻。

近来有人说集义工夫必须挂搭个致良知工夫才完备，那么就是他的集义工夫还未透彻。集义工夫不透彻，正足以贻累致良知工夫。说致良知工夫必须挂搭个"勿忘勿助"而后完备，就是他的致良知工夫还未透彻。致良知工夫不透彻，正足以贻累"勿忘勿助"工夫。像这些，都是从文义上解释，牵强附会，以求融会贯通，而没有从自己的实际工夫上去体验，所以议论愈精，而去圣道愈远。

点评

阳明批评聂豹[1]等人常将儒家各种为学工夫"搀和兼搭"在一起，以求所谓"融合"。在阳明看来，此正落入"就文义上解释牵附，以求混融凑泊"之窠臼。

---

1 聂豹(1487—1563)：文蔚，号双江，晚年号白水老农，东皋居士，今江西省永丰县人，正德十二年(1517)进士。

上一条阳明指出"集义"工夫就是"致良知"工夫,本条阳明却反过来说,"集义"工夫不须"兼搭个致良知"。两说看似矛盾,其实阳明之意在于指出,只要把握住"工夫头脑",则各种工夫自然能融会贯通。"集义"的同时,也就意味着致良知的落实,反之亦然,所以"更不必搀和兼搭而说"。关于这层道理,只要"到得工夫熟后,自将释然矣"。总之,关键还是在于"就自己实工夫上"一件一件落实体验。

7

有一属官,因久听讲先生之学,曰:"此学甚好。只是簿书讼狱[1]繁难,不得为学。"

先生闻之,曰:"我何尝教尔离了簿书讼狱,悬空去讲学?尔既有官司之事,便从官司的事上为学,才是真格物。如问一词讼,不可因其应对无状,起个怒心。不可因他言语圆转,生个喜心。不可恶其嘱托,加意治之。不可因其请求,屈意从之。不可因自己事务烦冗,随意苟且断之。不可因旁之谮[2]毁罗织,随人意思处之。这许多意思皆私,只尔自知,须精细省察克治。惟恐此心有一毫偏倚,杜[3]人是非,

---

1 簿书讼狱:起草文书,打官司。
2 谮(zèn):诬蔑,中伤。
3 杜:《集评》本改作"枉"。

这便是格物致知。簿书讼狱之间，无非实学[1]。若离了事物为学，却是着空。"（《集评》本第218条）

译文

有一做官的，长时间听阳明讲学，说："此学问很好，只是我有文书狱讼的事需要处理，不能专心去做这个学问。"

阳明听此言，便说："我什么时候叫你离了文书狱讼悬空去做学问？你既有官司上的事，便在这件事上学，这才是真正的格物工夫。比如在审案时，不可因为应对得不好就生了愤怒的心；不可因别人说话说得好，就生了喜欢的心；不可因厌恶请托，就加倍治人的罪；也不可因请托，就屈从；不可因自己事务繁忙，就稀里糊涂地办理；不可因旁人的诋毁，就随人家意思去办理。这些都是私意，只有你自己知道，应该要精细地省察克治，唯恐自己的心中有一毫偏颇，错判了是非对错，这便是格物致知工夫。文书狱讼之间，都是实学。如果离开了事物去做学问，反倒是落空。"

点评

本条记录阳明与一官员的一番对话，这一官员以日常"簿书讼狱"工作十分繁忙为由，感慨自己无法抽出时间来实践致良知。对此，阳明指出，此学就存在于日常事务当中。日常事务当中随时随处可落实

---

[1] 实学：实际有用之学。宋儒以来既已常用，以区别于"沉空守寂"之学。

致良知工夫，而且可以做到"精细省察克治"。因此说"簿书讼狱之间，无非实学"。这是阳明提出致良知之后的又一重要见解，他再三强调致良知就是不离日用常行的"实学"。

阳明既强调良知本体的超越性，又强调良知不是抽离于日常生活之外的存在，充分表明良知具有实践性的基本特征。在这个意义上，可以说，致良知就是"实学"，即最为真实的实际有用之学。

8

问先儒谓"鸢飞鱼跃[1]"与"必有事焉"，同一活泼泼地。

先生曰："亦是天地间活泼泼地无非此理。便是吾良知的流行不息。致良知，便是必有事的工夫。此理非惟不可离，实亦不得而离也。<u>无往而非道，无往而非功夫</u>。"（《集评》本第330条）

译文

问："先儒说'鸢飞鱼跃'与'必有事'同样是活泼泼的气象。"

阳明答："也是。天地之间，一切都是活泼泼的，无非是这个道理，也就是我的良知流行不息的意思。致良知就是必有事的工夫。这个道

---

[1] 鸢飞鱼跃：指鹰在天空飞翔，鱼在水中腾跃。比喻万物任其天性而动，各得其所。语出《诗经·大雅·旱麓》。鸢（yuān）：老鹰。

理不但不可抛开，实际上也不能够抛开，处处都是道，处处都是工夫。"

点评

在此，阳明从良知流行不息的角度解释先儒所说"'鸢飞鱼跃'与'必有事焉'，同一活泼泼地"，指出"致良知"就是"必有事焉"，就是良知的发用流行，无息无休，无有间歇，也就是在日常生活中，时时刻刻、事事物物无不依着良知而行。

十六 万物一体

题解

"万物一体之仁"不仅是张载《西铭》"民，吾同胞；物，吾与也"的主旨思想，而且程颢亦言"仁者，浑然与物同体""仁者，以天地万物为一体"，阳明晚年更是特别强调"天地万物一体之仁"思想，同时分辨了"一体之仁"与墨家兼爱之区别。当然，阳明"一体之仁"思想具有鲜明的心学色彩，是从"圣人之心"讲起，即所谓"圣人之心，以天地万物为一体"，而且一体之仁必借由致良知才可实现仁体之大用。也就是说，阳明仁学一体论无疑是其心学良知论的重要组成部分。

可以说，阳明的"天地万物一体之仁"思想，充分表明阳明的一个根本观念，即宇宙与人类、社会与自然、人与他者、人与万物等一切存在都是互为感通、休戚相关的整体性存在，而天地万物一体之仁思想所指向的便是人类社会共同体的重建。这一思想充分反映了阳明心学绝不是单纯的心性理论，更是饱含人文关怀、天下关怀之精神的社会伦理学，是建基于"同是非""公好恶"的良知观念之上，以实现"一体之仁"为目标的普遍主义伦理学。

1

自格物致知至平天下,只是一个明明德,虽亲民亦明德事也。明德是此心之德,即是仁。"仁者以天地万物为一体",使有一物失所,便是吾仁有未尽处。(《集评》本第89条)

译文

自"格物致知"至"平天下",就只是一个"明明德";虽是亲民,也是明德事。明德是此心之德,即是仁。"仁者以天地万物为一体",如果有一物失所,便是吾仁有未尽处。

点评

在此,阳明通过论述"明德亲民合一"思想,指出"仁者以天地万物为一体",也就是"大人者,以天地万物为一体也"。(《全集》卷七《亲民堂记》)

2

问:"程子云:'仁者以天地万物为一体。'何墨氏[1]兼爱,反不得

---

[1] 墨氏:墨翟(dí),先秦墨家的创始者,主张"兼爱""薄葬""明鬼"等。

谓之仁？"

先生曰："此亦甚难言，须是诸君自体认出来始得。仁是造化生生不息之理，虽弥漫周遍，无处不是，然其流行发生，亦只有个渐，所以生生不息。如冬至一阳生。必自一阳生，而后渐渐至于六阳[1]，若无一阳之生，岂有六阳？阴亦然。惟其渐，所以便有个发端处。惟其有个发端处，所以生。惟其生，所以不息。譬之木。其始抽芽，便是木之生意发端处。抽芽然后发干。发干然后生枝生叶。然后是生生不息。若无芽，何以有干有枝叶？能抽芽，必是下面有个根在。有根方生，无根便死。无根何从抽芽？父子兄弟之爱，便是人心生意发端处。如木之抽芽。自此而仁民，而爱物，便是发干生枝生叶。墨氏兼爱无差等，将自家父子兄弟与途人一般看，便自没了发端处。不抽芽便知得他无根，便不是生生不息，安得谓之仁？孝弟为仁之本，却是仁理从里面发生出来。"（《集评》本第93条）

译文

问："程子说'仁者是以天地万物为一体'，为什么墨子说'兼爱'，却不能称其为仁呢？"

阳明答："这也很难说，须要你自己体会方能明白。仁是造化生生不息的理，虽弥漫周遍，无处不在，但其流行发生，却是渐进的，所以才能生生不息。比如在冬至时节，一阳始生，必然是从一阳开始

---

[1] 六阳：十一月冬至，一阳复生，逐渐生长，至六月之间，称为六阳。

逐渐至于六阳；如果没有一阳之生，哪有六阳？阴也是这样。因其有渐进的意思，所以便有个发端处；因其有个发端处，所以才能生；因其生，所以才能不息。譬如树木，从抽芽开始，这是树木生意的发端处，抽芽然后才能生出树干，然后才能生出枝叶，然后才是生生不息。如果没有抽芽，怎么会有枝叶？能够抽芽，必定是下面有树根；有树根才能生，没有根，树就死了，没有树根哪能抽芽？父子兄弟之间的爱，就是人心之生意的发端处，如树木之抽芽，然后是仁民爱物，这就如同树干枝叶的关系一般。墨子'兼爱'说却是没有差等，将自己的父子兄弟与路人同等看待，便没有发端处；不抽芽便知他没有根，便不是生生不息，如何可称为仁呢！《论语》说'孝弟为仁之本'，就是仁之理从里面发出来的意思。"

点评

　　本条涉及如何评价儒家"仁爱"的爱有差等思想与墨家"兼爱"的爱无差等思想的问题。问者提出，如果按照程颢"万物一体"的思想，对人己物我理应一视同仁，那么，墨家的兼爱也应当是符合"仁"的思想的。

　　对此说法，阳明自然是不接受的。他强调"仁"所体现的是一种"生生不息"的精神，而"生生"有一个"渐"的过程，也就是生生必然有发端。他打了一个比方：树木生长须有根，而后抽芽，然后有枝有叶，所以最为重要的是"根"。同样,仁爱也有一个"渐"的过程，须从父子兄弟之爱做起，这就是"仁"的"生意发端处"，然后渐次扩充发展至整个天下，才能实现儒家的"仁民爱物"的终极理想。与此相反，墨家所谓的兼爱则是主张"爱无差等"，将自己的父子兄弟视同路上的陌生人，这就欠缺了"渐"的环节，也就没有了"发端处"。由此可知，墨家之兼爱就好比无根之木，没有了抽芽、枝叶生长的过程，也就没有了"生生不息"的过程，故而不得称之为"仁"。

阳明的上述思想非常重要，他注意到儒家的"仁爱"并不是一种抽象的爱，而是一种具体的普遍之爱。一方面，仁爱要从家庭人伦的"孝悌"做起，这就是具体之爱；另一方面，要通过渐次扩充的过程，实现对天下所有的"民"和"物"的仁爱，这就使得仁爱具有了普遍性。总之，儒家仁爱体现的正是具体普遍性之特征，仁既是"生生不息"之根本，也体现了"万物一体"的精神。

3

夫拔本塞源[1]之论，不明于天下，则天下之学圣人者，将日繁日难。欺人沦于禽兽夷狄，而犹自以为圣人之学。吾之说虽或暂明于一时，终将冻解于西，而冰坚于东。雾释于前，而云滃[2]于后，呶呶焉危困以死，而卒无救于天下之分毫也已。

1　拔本塞源：拔除木之本，塞住水之源，喻指从根本上解决问题。语见《左传·昭公九年》。
2　滃（wěng）：云起状。

夫圣人之心，以天地万物为一体。其视天下之人，无外内远近，凡有血气，皆其昆弟赤子之亲。莫不欲安全而教养之，以遂其万物一体之念。天下之人心，其始亦非有异于圣人也。特其间于有我之私，隔于物欲之蔽。大者以小，通者以塞。人各有心，至有视其父子兄弟如仇雠者。圣人有忧之，是以推其天地万物一体之仁以教天下，使之皆有以克其私，去其蔽，以复其心体之同然。其教之大端，则尧舜禹之相授受。所谓道心惟微，惟精惟一，允执厥中。而其节目，则舜之命契，所谓父子有亲，君臣有义，夫妇有别，长幼有序，朋友有信五者而已。唐虞三代之世，教者惟以此为教，而学者惟以此为学。当是之时，人无异见，家无异习，安此者谓之圣，勉此者谓之贤。而背此者，虽其启明如朱[1]，亦谓之不肖。下至闾井田野，农工商贾之贱，莫不皆有是学，而惟以成其德行为务。何者？无有闻见之杂，记诵之烦，辞章之靡滥，功利之驰逐，而但使之孝其亲，弟其长，信其朋友，以复其心体之同然。是盖性分之所固有，而非有假于外者，则人亦孰能之乎？

学校之中，惟以成德为事。而才能之异，或有长于礼乐，长于政教，长于水土播植者，则就其成德，而因使益精其能于学校之中。迨夫举德而任，则使之终身居其职而不易。用之者惟知同心一德，以共安天下之民。视才之称否，而不以崇卑为轻重，劳逸为美恶。效用者，亦惟知同心一德，以共安天下之民。苟当其能，则终身处于烦剧，而不

---

1 朱：丹朱，尧之子。

以为劳，安于卑琐，而不以为贱。当是之时，天下之人，熙熙皞皞[1]，皆相视如一家之亲。其才质之下者，则安其农工商贾之分。各勤其业，以相生相养，而无有乎希高慕外之心。其才能之异，若皋夔稷契者，则出而各效其能。若一家之务，或营其衣食，或通其有无，或备其器用。集谋并力，以求遂其仰事俯育之愿。惟恐当其事者之或怠，而重己之累也。故稷勤其稼，而不耻其不知教，视契之善教，即己之善教也。夔司其乐，而不耻于不明礼，视夷之通礼即己之通礼也。

盖其心学纯明，而有以全其万物一体之仁。故其精神流贯，志气通达，而无有乎人己之分，物我之间。譬之一人之身，目视耳听，手持足行，以济一身之用。目不耻其无聪，而耳之所涉，目必营焉。足不耻其无执，而手之所探，足必前焉。盖其元气充周，血脉条畅。是以痒疴[2]呼吸，感触神应，有不言而喻之妙。此圣人之学所以至易至简，易知易从，学易能而才易成者，正以大端惟在复心体之同然，而知识技能，非所与论也。（《集评》本第142条）

译文

"拔本塞源"之论不显明于天下已经很久了，于是天下学圣人之学的人，日渐繁难，以至于沦为禽兽夷狄，还自认为是学圣人之学。我的学说虽或能明于一时，但终究是在西方解冻而在东方又结冰，前

---

1 熙熙：和乐貌；皞皞（hào）：广大貌。
2 痒：疮；疴：病。

方雾散而后方又密集，危困而死，终不能拯救天下。

圣人的心，以天地万物为一体。他看待天下的人，没有远近内外的分别，凡是有血气的，都如自己的兄弟、孩子一般，都想让他们获得安全及教养，来实现自己万物一体的宏愿。天下人的心，开始时也并非与圣人的心有什么差别，只不过心被有我的私心所隔离，被物欲所蒙蔽，广大的心反而变小了，通达的心反而变堵塞了。人各怀私心，以至于竟然将父子兄弟看成如仇人一般。圣人对此很感忧虑，所以推广他的天地万物一体之仁来教化天下，想让人们都能克去有我之私和物欲之蔽，恢复他们心中原有的万物一体之信念。这种教化的大要，就是尧舜禹之间相互传授的所谓"道心惟微，惟精惟一，允执厥中"。而其具体的细节条目，便是舜命契教化天下的所谓"父子有亲，君臣有义，夫妇有别，长幼有序，朋友有信"这五教而已。唐尧、虞舜、三代之世，讲授者都是以此为教，学习者也都是以此为学。当时，人没有异见，家庭没有异习，能自然而然地安心于此教者为圣人，经过辛勤努力达到此教者为贤人，而违背此教者，哪怕像丹朱一样聪明的人，也被称为不肖。下至于市井田野，农、工、商、贾等低贱者，都以此为学，专心成就自己的德性。为什么能这样呢？这是因为那时没有庞杂的见闻知识、烦琐的记诵之学、泛滥的辞章之学、令人追逐不放的功利之学，只是让人们孝敬父母、尊敬师长、取信朋友，以此恢复其心体之同然。这就是性分所固有的，无须假借于外，那么有谁做不到呢？

学校之中，只以培养德性为主，而学生的才能有差异，或有擅长礼乐的，或有长于政教的，或有长于水土播植的，则学校在成就其德性的同时，要使他们的各种技能更加精益求精。等到德性养成之后，就让他们终身做这个工作而不改变。选拔任命他们的人只要求他们能够同心同德，安定天下的百姓，考察其才能的相称与否，而不以地位的高低分轻重，也不以职务的劳逸分好恶。任职的人也只知道同心同德，共安天下的百姓，如能胜任，则虽终身做烦劳的工作而不以为苦，安于卑下琐碎而不以为低贱。当时，天下的人都乐陶陶，亲如一家。那才能低下的，也都安于农、工、商、贾的职分，各自努力做好自己的事情，相生相养，而没有好高骛远、羡慕外物的心。那些才能优异者，如皋陶、夔、稷、契等圣人，脱颖而出，各自贡献自己的才能。就像操持一家的事务，有人能够经营衣食之事，有人能互通有无，有人能置备器具，大家集思广益，出谋划策，实现养育一家人的目的，唯恐做事的人懈怠而加重自己的劳累。所以后稷勤劳种庄稼，而不以不知道教育这事为耻，看到契善于实施教化，就像自己善于教化一样；夔掌管音乐，而不以不明礼为耻，看到夷之明礼就像自己知晓礼仪一样。

因为当时心学纯明，能够成全万物一体的仁爱，因此人人精神流贯，志气通达，不分人己，不分物我。这好比一个人的身体，眼睛看、耳朵听、手拿而脚行，都是成就一身之用。眼睛不会因为听不见声音而感到羞耻，而耳朵在听的时候，眼睛也会参与；脚不会因为不能拿东西而感到羞耻，而手在拿东西时，脚也会自觉走向前去。这是因为元气充周，血脉畅达，所以能够痛痒相关，有不可言传之妙。圣人之学，就是这般易知易从的，学起来很容易，才能也易于养成，这是因为其大端在于恢复心中原有的万物一体之信念，而知识技能无法参与其间。

点评

《答顾东桥书》一书可谓长篇大论，内容极为丰富，在《传习录》当中不多见。其核心观点无疑是"拔本塞源"论中的"万物一体"论。整段文字长达两千余字，纵论古今，气势磅礴，读来令人酣畅淋漓，为阳明文字中少见的充满激情的一篇大文章。明末刘宗周[1]称孟子之后"仅见此篇"，从中可见"（阳明）先生一腔真血脉，洞彻万古"（《刘宗周全集》第5册《阳明传信录》），诚非虚言。

在中国思想史上，以孔子"践仁知天"、孟子"万物皆备"为主要表述形式的"天人合一""万物一体"观念对于中国传统思想具有重要的形塑作用。自宋儒张载提出"天人合一"命题之后，接着程颢有"天人本无二，不必说合"之说，这个说法表明"天人合一"对于儒者来说几乎是不证自明的命题。程颢在《识仁篇》等处再三强调"仁者，浑然与物同体""仁者，以天地万物为一体"等著名观点，将万物一体置于"仁学"领域来思考，建构具有"仁学"特色的万物一体论。这一万物一体论表明人的存在就是"天地万物之关系中的存在"，是与"其他人物相感通"的存在（唐君毅《中国哲学原论·原道篇》），因而它既有境界说的意义，又是一种社会政治理论。

1　刘宗周（1578—1645）：字起东，别号念台，浙江绍兴府山阴（今浙江省绍兴市）人，学者称蕺山先生。

阳明继承了程颢思想，提出"天地万物一体之仁"的命题，以"一体之仁"作为万物一体论的理论基础，同时又将万物一体论置于良知心学的基础之上。阳明认为，"良知之明，万古一日""天下人心，皆吾之心"，这是万物一体得以成立的心学前提。

而且对阳明来说，万物一体不仅是宇宙的存在方式、仁者的精神境界，更是实现"一体同善"的社会理想。这是一种充满道德理想主义的社会，要打破"人己之分，物我之间"的隔阂，重建人与自然、人与社会的休戚相关、和谐与共的关系。这充分表明万物一体论是王阳明将其良知学说在社会政治领域进一步拓展和落实的理论结果，也充分展现出阳明学对政治社会的关切，具有重要的理论意义。阳明从"夫圣人之心，以天地万物为一体"这一观念说起，为我们描述了三代社会的理想状态：圣人"是以推其天地万物一体之仁以教天下"，整个社会处在"心体之同然""同心一德""一家之亲"的和谐与共的状态之中，而每个人都能做到"全其万物一体之仁"。

4

三代之衰，王道熄而霸术昌；孔孟既没，圣学晦而邪说横。教者不复以此为教，而学者不复以此为学。霸者之徒，窃取先王之近似者，假之于外，以内济其私己之欲，天下靡然而宗之。圣人之道，遂以芜塞相仿相效，日求所以富强之说，倾诈之谋，攻伐之计，一切欺天罔人，苟一时之得，以猎取声利之术。若管、商、苏、张[1]之属者，至不可名数。既其久也，斗争劫夺，不胜其祸。斯人沦于禽兽夷狄，而霸术亦有所不能行矣。世之儒者，慨然悲伤，搜猎先圣王之典章法制，而掇拾修补于煨烬[2]之余，盖其为心，良亦欲以挽回先王之道。

圣学既远，霸术之传，积渍[3]已深，虽在贤知，皆不免于习染，其所以讲明修饰，以求宣畅光复于世者，仅足以增霸者之藩篱。而圣学之门墙，遂不复可睹。于是乎有训诂之学，而传之以为名；有记诵之学，而言之而为博；有词章之学，而侈之以为丽。若是者纷纷籍籍，群起角立于天下，又不知其几家。万径千蹊，莫知所适。世之学者，如入百戏之场，欢谑跳踉，骋奇斗巧。献笑争妍者，四面而竞出，前瞻后盼，应接不遑。而耳目眩瞀[4]，精神恍惑，日夜遨游淹息其间，如病狂丧心之人，莫自知其家业之所归。时君世主，亦皆昏迷颠倒于其说，而终身从事于无用之虚文，莫自知其所谓。间有觉其空疏谬妄，支离牵滞，而卓然自奋，欲以见诸行事之实者，极其所抵，亦不过为富强功利五霸之事业而止。圣人之学日远日晦，而功利之习愈趋愈下。其间虽尝馨惑于佛老，而佛老之说，卒亦未能有以胜其功利之心。虽又尝折衷于群儒，而群儒之论，终亦未能有以破其功利之见。

1　管：管仲，春秋时齐国宰相，助齐桓公成霸业；商：商鞅，战国时秦孝公宰相，行变法；苏：苏秦，战国时纵横家；张：张仪，战国时纵横家。
2　煨烬：灰烬。指秦始皇焚书。
3　积渍：长久影响。
4　瞀（mào）：目眩。

盖至于今，功利之毒，沦浃于人之心髓，而习以成性也，几千年矣。相矜以知，相轧以势，相争以利，相高以技能，相取以声誉。其出而仕也，理钱谷者则欲兼夫兵刑，典礼乐者又欲与于铨轴[1]，处郡县则思藩臬[2]之高，居台谏[3]则望宰执[4]之要。故不能其事，则不得以兼其官，不通其说，则不可以要其誉。记诵之广，适以长其敖也；知识之多，适以行其恶也；闻见之博，适以肆其辩也；辞章之富，适以饰其伪也。是以皋夔稷契所不能兼之事，而今之初学小生，皆欲通其说，究其术。其称名借号，未尝不曰吾欲以共成天下之务。而其诚心实意之所在，以为不如是，则无以济其私而满其欲也。

呜呼！以若是之积染[5]，以若是之心志，而又讲之以若是之学术，宜其闻吾圣人之教，而视之以为赘疣枘凿[6]。则其以良知为未足，而谓圣人之学为无所用，亦其势有所必至矣！呜呼！士生斯世，而尚何以求圣人之学乎？尚何以论圣人之学乎？士生斯世，而欲以为学者，不亦劳苦而繁难乎？不亦拘滞而险艰乎？呜呼，可悲也已！<u>所幸天理之在人心，终有所不可泯；而良知之明，万古一日</u>。则其闻吾拔本塞源之论，必有恻然而悲，戚然而痛，愤然而起，沛然若决江河，而有所不可御者矣！非夫豪杰之士无所待而兴起者，吾谁与望乎？（《集评》本第

---

1 铨：选官；轴：要位。
2 藩臬：藩司，行政之官；臬司，司法之官。
3 台谏：御史台与谏议大夫。
4 宰执：执政的大官，宰相。
5 积染：长期习染。
6 枘（rui）凿：榫头和卯眼，喻指互相抵触而不相容，语本《楚辞》。

143条）

译文

三代衰亡以后，王道衰微而霸术昌盛；孔孟去世以后，圣人之学晦暗而邪说横行。教人者不再以此为教，而学习者也不再以此为学。霸者之徒，窃取近似先王的东西，假借于外来达到私己的欲望，天下靡然风从，圣人之道因此阻塞不通。人们相仿相效，成日追求富强之说、权谋之术、攻伐之计，以及所有欺天罔人的学说，哪怕只能获得一时的效验，猎取声名财货的利益，像管仲、商鞅、苏秦、张仪之类者，不可胜数。时间长了，人们争斗抢夺，不胜其祸，人沦于禽兽夷狄，而霸术也渐渐行不通了。世间的儒者慨然悲伤，搜集先圣王的典章法制，在秦焚书之后拾掇修补，其心诚然是欲挽回圣人之道。

但圣学既已久远，霸术之传又影响深远，即便是贤人智者，都不免沾染霸者的旧习，他们所讲明修饰而力求发扬于世的内容，只不过增高了霸者的藩篱，而圣学的门墙愈发看不到了。于是，有训诂之学来邀名声，有记诵之学来展示博学，有辞章之学来炫耀富丽。若是者纷纷而起，角逐天下，不知有多少家，千蹊万径，不知所从。世间学者就像进入百戏场地，戏谑跳踉，争奇斗巧，献媚耻笑，左顾右盼，眼花缭乱，应接不暇，头晕目眩，精神恍惚，日日夜夜游荡其间，如丧心病狂之人，不知其家在何处。当时君主也为这些学说昏迷颠倒，终身从事于这些无用的虚文，不知其所以然。其间也有人觉悟到这些学问是空疏荒谬，支离破碎的，想要寻求实学实用，但最终达成的也只不过是富强功利的五霸事业而已。因此,他们与圣人之学渐行渐远,而功利的习俗却越来越深厚。其间他们虽也曾流连佛老之学,但佛老之学仍不能战胜他们的功利之心;也曾有会通群儒论说的,但群儒的观点始终也不能破除他们功利之见。

以至于今日,功利的流毒深入人的骨髓,习以成性,也有千年之久。人们以知识相互轻视,以权势相互倾轧,以功利相互争夺,以技能相互吹捧,以声名相互取悦。出世而做官者,理钱谷的想兼任兵刑,典礼乐的又想兼任铨轴,管理郡县的期望一省藩臬的高位,身居台谏之位的又奢望宰相之职。不能做其事,就不能做好官;不能通达圣人之学,就不能取得声誉。但是,记诵广博,恰好能增长其傲慢;知识增长,恰好用来作恶;闻见愈博,恰好能增其狡辩;辞章富美,恰好能修饰其虚伪。当初皋、夔、稷、契不能兼备的事情,如今初学的小生却想样样精通,其自我宣传,无外乎"吾欲以共成天下之务",而其诚心实意之所在,却是不这样就无法满足自己的私欲。

呜呼!以这样的积染,这样的心志,讲这样的学术,难怪他们听到我所说的圣人之教,会将其视为多余的、格格不入的。他们以为良知不足学,而圣人之学没有用处,也是必然之势。呜呼!士人生活在这样的世道里,如何寻求圣人之学,如何讨论圣人之学?士人生活在这种世道里,而想要成为学者,多么辛劳而繁难!多么拘滞而艰难!呜呼!可悲啊!所幸的是天理在人心,终有不可泯灭的,而良知的明朗,万古如一日。于是,听到我说"拔本塞源"论,一定会有人恻然而心悲,戚然而心痛,愤然而奋起,像滔滔江河不可阻挡!除了不受私心贻累、勇于担当的豪杰之士，我还能寄望于谁呢？

点评

如上一条所述，对阳明而言，三代社会是理想社会的象征，是重新安排社会秩序的理想寄托。继而，阳明对三代之后、孔孟既没的社会历史进行了批判：政治上，王道息而霸道猖；学术上，圣人之学已然失传而支离之学大行其道；社会上，功利主义泛滥，世人处在相矜、相轧、相争、相高、相取于知识、权势、私利、技能、声誉等私欲流行的一片黑暗时代，完善的人伦关系完全割裂，和谐共生的社会理想丧失殆尽。正是在这种富有悲观色彩的表述中，我们可以读出阳明充满激情的现实理性主义情怀，其中蕴含着强烈的现实批判精神，而现实批判正寄托了对未来的理想。

而且，在对历史、现实、社会、人心等现状深感忧虑之同时，阳明并没有丧失对道德人文主义的坚定信念，他坚信天理之在人心终不可泯，良知之明犹如万古一日，是永远不会消失的。因此，只要有人听到他的"拔本塞源之论"，必然会有"恻然而悲""戚然而痛""愤然而起"的"豪杰之士"涌现出来。进而，阳明表达了自己的一个宏愿："非夫豪杰之士无所待而兴起者，吾谁与望乎？"这令人想起孔子的一句名言："吾非斯人之徒与而谁与！"

总之，阳明学万物一体论的思想意义就在于，重新安排宇宙万物与人类共同体的联系方式，即重建整个天下的整体性、一体性之联系，进而为人类社会的秩序重建奠定"心学纯明"这一道德理想主义的基础。也就是说，只有朝着"一体之仁"的方向，才有望实现个人的理想人格以及人与宇宙万物和谐共存的理想世界。

5

夫人者，天地之心。天地万物本吾一体者也。生民之困苦荼毒，孰非疾痛之切于吾身者乎？不知吾身之疾痛，无是非之心者也。是非之心，不虑而知，不学而能，所谓良知也。良知之在人心，无间于圣愚，天下古今之所同也。<u>世之君子，惟务致其良知，则自能公是非，同好恶，视人犹己，视国犹家，而以天地万物为一体。求天下无治，不可得矣。</u>

古之人所以能见善不啻若己出，见恶不啻若己入，视民之饥溺，犹己之饥溺，而一夫不获，若己推而内[1]诸沟中者，非故为是而以蕲[2]天下之信己也。务致其良知，求自慊而已矣。尧舜三王之圣，言而民莫不信者，致其良知而言之也。行而民莫不说者，致其良知而行之也。是以其民熙熙皞皞，杀之不怨，利之不庸[3]，施及蛮貊[4]，而凡有血气者莫不尊亲为其良知之同也。呜呼！圣人之治天下，何其简且易哉！（《集

---

1 内：同"纳"。
2 蕲（qí）：同"祈"。
3 庸：酬谢。
4 貊（mò）：上古时代东北方少数民族。

评》本第179条)

译文

人乃是天地的心,天地万物本与我是一体的。百姓的困苦涂炭,谁不疾痛不已?如果不知道这种切肤之痛,就是没有是非之心。是非之心,是不必思、不必虑就能知道,不必学习就能获得的,也就是所谓的"良知"。良知在人的心中,不论圣人还是愚笨者都没有分别,这是天下古今共同的。世间的君子只要努力去致其良知,就自然能够明辨是非,能够与百姓同好恶,视人犹己,视国犹家,而以天地万物为一体,天下就会无不治。

古时候的人所以能把别人做的善事看成自己做的善事一样,把别人做的坏事看成是自己做的坏事一样,把百姓的饥渴看成自己的饥渴,而"一人不获,就像是自己把他推入沟渠之中"一样,并不是故意求取天下人的信任,而是因为他们能够专心去致其良知,以追求无愧于心而已。尧、舜、三代圣王,说话而百姓没有不信服的,也是因为他们是致其良知而说的;行事而百姓没有不喜欢的,也是因为他们是致其良知而行的。所以百姓们乐陶陶,"杀之不怨,利之不庸",施及夷狄蛮荒的地区,凡有血气的,没有不尊亲的,因为人们的良知是一样的。呜呼!圣人治理天下是何其简易啊!

点评

本条是阳明"万物一体"论的又一重要表述,可与"拔本塞源"

论合观。阳明在这里再次强调了"天地万物,本吾一体"的观点,并从良知普遍性的角度,强调了良知存在的公共性品格。

基于此,阳明进而从社会政治的角度强调,欲求"天下之治",只要做到"致良知"即可,因为倘若每个人都能做到致其良知,那么就能实现天下国家成为"一体"之存在,人人都能"视人犹己,视国犹家",把他人视作自己的亲人,国与家也更无隔阂。这是因为每个人的人心良知都是一样的,对于是非好恶有相通相感的感通力、判断力。因此,圣人治理天下其实是非常简易直截的,只需大家都切实做到"致其良知"即可。

可见,阳明的致良知学说推广至社会政治领域,就必然得出"万物一体"的结论,反过来说,"万物一体"又是致良知学说在社会政治领域的具体落实。因此,万物一体论不是单纯的宇宙论——将宇宙万物视作有机联系的一体存在,它更是一种社会政治学说,是一种指向实现理想社会以及安顿天下秩序的政治思想。从根本上说,阳明的万物一体论具有天下主义的伦理关怀精神,所以说"一夫不获,若己推而内诸沟中"。

6

后世良知之学不明,天下之人,用其私智,以相比轧。是以人各有心,而偏琐僻陋之见,狡伪阴邪之术,至于不可胜说。外假仁义之名,而内以行其自私自利之实,诡辞以阿俗,矫行以干誉[1]。掩人之善,而袭以为己长;讦[2]人之私,而窃以为己直;忿以相胜,而犹谓之徇义;险以相倾,而犹谓之疾恶;妒贤忌能,而犹自以为公是非。恣情纵欲,而犹自以为同好恶。相陵[3]相贼,自其一家骨肉之亲,已不能无尔我胜负之意,彼此藩篱之形。而况于天下之大,民物之众,又何能一体而视之?则无怪于纷纷籍籍,而祸乱相寻[4]于无穷矣。（《集评》本第180条）

译文

后来,良知之学不再彰明,天下的人运用自己的私智,相互倾轧。于是人各有心,这就产生了偏颇僻陋的见识、狡猾阴邪的权术,以至于不可胜说。有人假借仁义的名号,而实际上是为了自私自利的目的,巧舌如簧,沽名钓誉。掩盖别人的善行据为己有,攻击他人的私心以显示自己的正直,视出于私愤的钩心斗角为正义,视出于阴险的目的相互倾轧为疾恶如仇,嫉贤妒能却自认为是公正地分辨是非,纵情恣欲却自认为是与百姓同好恶,相互欺凌又相互欺瞒。一家子骨肉至亲,都不能不区分人我而争强好胜,从而形成彼此隔阂,天下广土众民,又怎能视作一体呢?也无怪天下纷纷纭纭,祸乱延绵以至于无穷。

1　干誉:钓取名誉。干:求。
2　讦(jié):揭露。
3　陵:同"凌",侵犯,欺侮。
4　寻:续。

点评

这里,阳明再次点明后世社会混乱、人心败坏的原因就在于"良知之学不明"。天下人陷于自私自利之途而不能自拔。一家之内,家庭成员之间尚不能相亲相爱,反而是你争我夺,从而造成的后果就是彼此隔阂,更何况一国之人、天下之人、广土众民,又如何能做到"一体"呢?

7

仆诚赖天之灵,偶有见于良知之学,以为必由此而后天下可得而治。是以每念斯民之陷溺,则为之戚然痛心,忘其身之不肖,而思以此救之,亦不自知其量者。天下之人见其若是,遂相与非笑而诋斥之,以为是病狂丧心之人耳。呜呼!是奚足恤哉?吾方疾痛之切体,而暇计人之非笑乎?

人固有见其父子兄弟之坠溺于深渊者,呼号匍匐,裸跣颠顿[1],扳[2]悬崖壁而下拯之,士之见者,方相与揖让[3]谈笑于其傍,以为是弃其礼貌衣冠,而呼号颠顿若此,是病狂丧心者也。故夫揖让谈笑于溺人之傍,而不知救,此惟行路之人,无亲戚骨肉之情者能之,然已谓

---

1 裸跣(xiǎn)颠顿:裸脚走路、颠连困顿。跣:光着脚;颠顿:倾仆、困顿。
2 扳:通"攀"。
3 揖让:作揖谦让。

之无恻隐之心非人矣。若夫在父子兄弟之爱者,则固未有不痛心疾首,狂奔尽气,匍匐而拯之。彼将陷溺之祸有不顾,而况于病狂丧心之讥乎?而又况于蕲人之信与不信乎?

呜呼!今之人虽谓仆为病狂丧心之人,亦无不可矣。<u>天下之人心,皆吾之心也,天下之人,犹有病狂者矣。</u>吾安得而非病狂乎?犹有丧心者矣,吾安得而非丧心乎?(《集评》本第181条)

译文

我实在是托上天的福,偶然发现了良知之学,以为一定要遵循此学,而后天下可得而治。所以每当念及百姓的苦难,我就伤痛不已,忘记了自己的不肖,想用良知之学来拯救,也是自不量力。天下的人见我这样,就争相嗤笑并排斥,以为我是丧心病狂的人。呜呼!这哪里值得去顾及呢?我就像因疾病而深陷切身之痛的人,哪有时间去计较别人的嗤笑!

固然是有人眼见其父子兄弟将要坠落深渊,呼号匍匐,攀着悬崖壁而去拯救。读书人见到这情境,在旁边谈笑风生,以为丢弃礼貌衣冠而呼号若此的人,是病狂丧心者。这些旁边谈笑之人不去施救,肯定是行路之人,与将要坠崖的人并无亲戚骨肉之情,然而仍可称之无恻隐之心之人,就是非人。若是父子兄弟这些亲近的人,哪有不痛心疾首,狂奔尽气,匍匐而去拯救的?这些人对坠崖之危险都不顾及,又怎会担忧病狂丧心的讥笑?又怎会担心别人之相信与否?

呜呼!今天的人说我是丧心病狂之人,也没什么不可。天下人的心,就是我的心。天下人中还有病狂者,我怎么能不病狂?还有丧心者,我哪能不丧心?

点评

由此条可知,阳明论"万物一体",充满悲愤之情。他指出后世良知之学不明而带来的种种严重的社会后果,导致"天下之大""民物之众"犹如分崩离析的一堆乱沙,而不再是原本的"一体"之存在,最终将导致整个天下纷乱祸害接踵而至,永无宁息。

对于世间人人视若陌路,对他人缺乏同情之心、怜爱之情的悲惨现状,阳明发出了痛心疾首的呼唤。他不惜自我揶揄为"病狂丧心之人",认为整个世界已经完全陷入了"丧心病狂"的状态,不仅见"斯民之陷溺"而毫无"戚然痛心"之感,而且"揖让谈笑于溺人之傍,而不知救",若按孟子之说,岂非个个都变成了"非人",也就与"禽兽"相差无几了。因此,这个世界只要仍处在这种"丧心病狂"的状态之中,那么,阳明也甘愿自认就是一个"病狂丧心之人"。很显然,我们从中可以感受到阳明为实现"万物一体"之理想而甘愿忍受一切骂名的一种愤世嫉俗的豪情壮志。

阳明满怀一腔救世热情。天地万物一体之仁的思想便是一种深切的人文关怀意识,充分表明其思想的最终归趣就在于唤醒个人良知乃至社会良知。在阳明看来,只要我们每个人都真正拥有"一体之仁"的坚定信念,并将此向整个社会推广普及,那么"万物一体"的理想社会就必定会实现。应当说,阳明的"一体之仁"的思想充分体现了其良知心学不是一种抽象观念,而是安顿社会秩序、重新构建人类共同体的社会实践理论,其心学思想具有强烈的社会性、实践性特征。

8

问:"大人与物同体,如何《大学》又说个厚薄?"

先生曰:"惟是道理自有厚薄。比如身是一体,把手足捍头目,岂是偏要薄手足。其道理合如此。禽兽与草木同是爱的,把草木去养禽兽,又忍得。人与禽兽同是爱的,宰禽兽以养亲,与供祭祀,燕宾客,心又忍得。至亲与路人同是爱的,如箪食豆羹,得则生,不得则死,不能两全,宁救至亲,不救路人,心又忍得。这是道理合该如此。及至吾身与至亲,更不得分别彼此厚薄。盖以仁民爱物,皆从此出。此处可忍,更无所不忍矣。<u>《大学》所谓厚薄,是良知上自然的条理,不可逾越,此便谓之义。顺这个条理,便谓之礼。知此条理,便谓之智。终始是这条理,便谓之信。</u>"(《集评》本第276条)

译文

问:"大人是与物同体的,为什么《大学》却要说有个厚薄呢?"

阳明答:"因为道理自有个厚薄,比如人的身体是一个整体,用手脚保护头和眼睛,难道是有意地轻视手脚?道理本应如此。禽兽与草木同是要爱的,拿草木去养禽兽,心又忍得;人与禽兽是同爱的,宰杀禽兽去养双亲、供奉祭祀、宴请宾客,心又忍得;至亲与路人是同爱的,如一箪食、一豆羹,得之则生,不得则死,不能两全,宁肯救至亲,不救路人,心又忍得。这都是道理应该如此。至于我的身体与最亲近的人,更不能分别彼此厚薄。是因为仁民爱物的心都是从这里生发出去,这里能忍得,就没有什么不能忍的了。《大学》所说的厚薄,是良知上自然的条理,不可逾越,就称为义;顺着这条理而行,便是礼;知道此条理,便称为智;始终保持这个条理,便称为信。"

点评

本条涉及正确处理"大人与物同体"与"厚薄"这对看似矛盾的说法。所谓"大人与物同体"是从上一条"万物一体之仁"而来的,强调的是圣人或大人对万物的一视同仁,人己物我更无隔阂。而所谓"厚薄"就是孟子"爱有差等",代表儒家对亲疏远近的基本看法。这是两种看似矛盾的说法。比如说,假设只有一碗饭或一瓢水,得到者则生,得不到者则死,那么,应该给自己的亲人还是应该给陌不相识的路人呢?而且其前提是"不能两全",只能选择其中之一。这就是儒家式的伦理两难问题:任何一个选择必将伤害到另一个人。

对此难题,阳明的判断是直截了当的,即"宁救至亲,不救路人"。在他看来,这就是儒家所讲的"爱有差等"原则。这一"差等"原则所体现的并不是"爱"之本身有分量轻重之差别,而是"爱"的实施必须由近及远、从自己的亲人做起,然后扩充到他人,这就叫作"爱由亲始"。因此,"差等"意味着"爱"的行为始端存在差异。阳明对此的解释是"这是道理合该如此"。而且重要的是,爱有差等虽有远近亲疏之别,但并没有"厚薄"之分,由此推广扩充,及至仁民爱物,所以说"仁民爱物,皆从此出"。

仁爱虽有"差等"之别,但并没有"厚薄"之分,这说明儒家仁爱思想并不是一种抽象的仁爱,而是具体的仁爱。如果说仁爱根诸每个人的道德本心、良知良能,因而具有普遍性,那么,这种普遍性由于必须根植于特殊的家庭伦理乃至社会伦理,所以是一种具体的普遍性。

9

问:"人心与物同体。如吾身原是血气流通的,所以谓之同体。若于人便异体了。禽兽草木益远矣,而何谓之同体?"

先生曰:"你只在感应之几上看。岂但禽兽草木,虽天地也与我同体的,鬼神也与我同体的。"

请问。

先生曰:"尔看这个天地中间,什么是天地的心?"

对曰:"尝闻人是天地的心。"

曰:"人又什么教做心?"

对曰:"只是一个灵明。"

曰:"可知充天塞地中间,只有这个灵明,人只为形体自间隔了。

我的灵明[1]，便是天地鬼神的主宰。天没有我的灵明，谁去仰他高？地没有我的灵明，谁去俯他深？鬼神没有我的灵明，谁去辨他吉凶灾祥？天地鬼神万物离却我的灵明，便没有天地鬼神万物了。我的灵明离却天地鬼神万物，亦没有我的灵明。如此便是一气流通的，如何与他间隔得！"

又问："天地鬼神万物，千古见在，何没了我的灵明，便俱无了？"

曰："今看死的人，他这些精灵游散了，他的天地万物尚在何处？"

（《集评》本第336条）

译文

问："人心与物同体。我的身体原本是血气流通的，所以可称为同体。但我的身体与别人相比，就是异体了，与禽兽草木就更远了，怎么说是同体呢？"

阳明答："你只是在感应的机缘上看问题。岂止禽兽草木，即使天地也是与我同体的，鬼神也是与我同体的。"

请教如何理解这个说法。

阳明说："你看这天地之间，什么是天地的心？"

答："人是天地的心。"

问："什么又是人的心？"

答："只是一个灵明。"

---

1 我的灵明：意同"虚灵明觉"，即良知。这是阳明的特殊用法。

阳明说:"可知充塞天地之间的,就是这个灵明,人只是因为形体而相互阻隔了。我的灵明,便是天地鬼神的主宰。天如果没有我的灵明,谁去瞻仰它的高?地没有我的灵明,谁去俯瞰它的深?鬼神没有我的灵明,谁去分辨它的吉凶、灾祥?天地鬼神万物离开我的灵明,就没有天地鬼神万物了;我的灵明离开天地鬼神万物,也就没有我的灵明了。这样,一切就是一气流通的,怎么能隔断?"

又问:"天地鬼神万物,自古至今都在,怎么说没有我的灵明,便都不存在了呢?"

阳明答:"看那死了的人,他这些精灵都游散了,他的天地鬼神万物在什么地方呢?"

点评

这里阳明再次论述"良知""灵明",讲述"万物一体"观念,即由人心与万物同体,推出禽兽草木、天地鬼神与人原是"同体"存在的结论。阳明强调,人的灵明便是万物一体的依据,若没有了人的灵明,那么,天地鬼神万物也就不成其为天地鬼神万物了。第274条中的"人的良知就是草木瓦石的良知,若草木瓦石无人的良知,不可以为草木瓦石矣",与本条所述的意思完全一致,都是强调人与万物是休戚相关的一体之存在。

但问题依然是,天地鬼神万物本来是外在于人的客观存在,如何能够融入个人的心灵意识中,构成与之不可分割的同体之存在?事实很显然,天地鬼神万物是不随人的意志而"千古见在"的,所以,一个人的死亡或消失,绝不意味着外在于人的天地鬼神万物便不存在了。对此问题,需要指出的是,阳明所探讨的不是世界存在的本质到底是物质还是精神这类问题,而是揭示人类的精神是使这个世界变得有意义的唯一理据。阳明反问道:"今看死的人,他这些精灵游散了,他的天地万物尚在何处?"这是一个值得深思的问题。答案是明显的,一个人的死亡便意味着相对于他而言的天地万物便"同归于寂",尽管天地万物依然"千古见在"。由此,我们就应当更加珍惜和爱护人的精神生命与天地万物共同构成的这个意义世界。

十七　善惡只是一物

题解

程颢曾说:"善固性也,恶亦不可不谓之性。"又说:"善恶皆天理,谓之恶者本非恶,但于本性上过与不及之间耳。"这是宋明理学史上关于性善、性恶问题的重要说法,而阳明也提出"善恶只是一物"的说法。按照常识观点,善恶之分恰如冰与炭,那么如何理解"善恶只是一物"这一命题?阳明的解释是心之本体是"至善",心之本体上有过或不及,才产生恶,也就是说,恶是后起的,是至善的不足或过的结果,因而不能说"有一个善"与"有一个恶"相对立。

1

问:"先生尝谓善恶只是一物。善恶两端如冰炭相反,如何谓只一物?"

先生曰:"至善者心之本体。本体上才过当些子,便是恶了。不是有一个善,却又有一个恶来相对也。故善恶只是一物。"

直因闻先生之说,则知程子所谓"善固性也,恶亦不可不谓之性"。

又曰:"善恶皆天理。谓之恶者本非恶,但于本性上过与不及之间耳。"其说皆无可疑。(《集评》本第228条)

译文

问:"老师常说善恶只是一种事物。善恶就像冰与炭一样相互对立,为什么说两者是一物?"

阳明答:"至善是心的本体。本体上稍微超过一点,便是恶了。不是有一个善,再有一个恶来与它相对。所以说善恶只是一物。"

黄直听了阳明这番话,才明白程子所说的"善固然是性,恶亦不可不称为性",及"善恶皆天理,称为恶者本非恶,只是在本性上过与不及而已",这些说法看来都没有疑义。

点评

本条涉及宋明理学史上颇有争议的人性善恶问题。按照程颢"善固性也,恶亦不可不谓之性"的说法,善恶似乎都被归为"性"。问题在于我们如何理解这里前后的两个"性"字。按照朱子《明道论性说》的解释,前者是指天命之性,后者是指气质之性。这是程朱理学家的解释套路,即人性二元正可解释善恶两分。

然而,这是否符合程颢的本意呢?这需要结合程颢的另一段话来理解:"善恶皆天理。谓之恶者本非恶,但于本性上过与不及之间耳。"这段话究竟应如何理解呢?

我们知道,"吾学虽有所受,天理二字却是自家体贴出来",这是程颢最为著名的言论（或为二程共识），可谓理学的思想宣言。"天理"作为理学的至上概念，成为理学的终极实体，也必然是绝对至善的。不完美乃至恶的现象乃是后天的因素所致，或受习俗影响或受气禀牵累。据此，我们不能说"善恶皆天理"。

事实上，程颢上述这段话中的所谓"天理"却有另解，即合乎自然的道理，而不是指绝对实在的天理。基于此，程颢所谓善恶都是"天理"，其意无非是说，善恶都是天底下合当如此、必不可少的现象。由此，恶的现象并不足以表明人性是恶的，只不过是因表现出过与不及所致。可见，善恶现象是人性的一种外在表现而不是内在的本质规定。

至于阳明所说的"善恶只是一物""本体上才过当些子，便是恶了"的观点，应该与程颢的上述观点是一致的。需要指出的是，阳明在这里强调恶的原因不能到外面的物上去找，更不必从气质上去找，而要返回人心本身去挖掘恶的根源。阳明的这个观点无疑是深刻的，杜绝了总是以为恶的现象是出于某种客观原因或外在因素，而不愿从自己身上或内心深处去寻找根源的观念。

2

黄勉叔[1]问："心无恶念时，此心空空荡荡的。不知亦须存个善

1　黄勉叔：名修易，其他不详。

念否？"

先生曰："既去恶念，便是善念，便复心之本体矣。譬如日光被云来遮蔽，云去光已复矣。若恶念既去，又要存个善念，即是日光之中添燃一灯。"（《集评》本第237条）

译文

黄勉叔问："心没有恶念时，这个心是空空荡荡的，是否应当存个善念？"

阳明答："既已去恶念，便是善念，便是恢复心的本体。比如太阳光被乌云遮蔽，云散开后便已恢复。如果恶念已经除去，还要去存个善念，就是在太阳光中再去添一盏灯。"

点评

既然"善恶只是一物"，那么，就容易理解为何说"既去恶念，便是善念"。阳明在这里举了一个老生常谈的例子：太阳被乌云遮蔽只是暂时现象，乌云散去，太阳就会重新发出光芒。同样的道理，恶念就犹如乌云，恶念一旦除去，则善念存焉。这也就意味着，心之本体"至善"状态的恢复。

十八 四句教

题解

　　如前所述，阳明极为强调心之本体至善和"善恶只是一物"观念，而阳明晚年重要的思想命题"无善无恶是心之体，有善有恶是意之动，知善知恶是良知，为善去恶是格物"这"四句教"便与上述说法紧密相关。

　　首先，通过阳明与薛侃关于去花间草的对话，可以知道"无善无恶"就是"无有作好，无有作恶"，就是心之本体"依着天理，不着意思"。阳明指出的"良知之虚""良知之无"，说明的就是良知之虚就像天之太虚一样，良知之无就像太虚之无形一样，是不着意思，是无有私意私欲做障碍的。"四句教"第一句即"无善无恶是心之体"，一方面表明心之本体是超越经验世界中的善恶对待的"至善"特征，另一方面强调"不着意思"的"虚无"本色。

　　关于"四句教"的相关争论来源于阳明心学史上一重要思想事件"天泉证道"。阳明晚年两大弟子王畿与钱德洪之间就此发生争论。王畿认为这"四句教"还不是究竟话头，提出"四无"说；而钱德洪却认为是"教人定本"。对此争论，阳明强调"四句教"是有关心意知物的一套整体论述，彼此关联而不可分拆。首句"无善无恶是心之体"

是论本体，后三句是论工夫。根据"即本体即工夫"立场来看，四句教乃是即无即有、即上即下、即顿即渐的"彻上彻下"之本体工夫论体系，不能放弃其中的任何一个环节，所以阳明一再强调"二君已后与学者言，务要依我四句宗旨"。由此可见，"四句教"可谓阳明晚年的思想宗旨，其中含有极其重要的理论意涵，值得重视。

然而，阳明"四句教"虽是一套颇富理论意义的整体论述，但其中的义理阐发却也引发不少理论问题。举例来说，"四句教"既然作为一种教法，其间就必然蕴含工夫顺序的问题，究竟是由上及下、由无至有，还是由下及上、由有至无呢？表面看，这两种工夫路径可以根据人之根器不同而灵活应对，然而实质上，这里涉及的乃是良知本体的有无转化如何实现的问题，而这才是所有问题的关键。其实，"天泉证道"的问题讨论便是由此引发。倘若立足于本体之无的立场着手用功，那么本体发动之后，心体之无能否直接转化为意识之无？"无善无恶"是否是对良知本体之价值和意义的一种否定？进而言之，"无善无恶者心之体"与阳明平时所说的"至善者心之本体"是否存在理论上的冲突？此外，心体性体、本体工夫等问题都与"四句教"有一定关联，究竟在阳明学的义理系统中如何才能获得理论上的自洽？"无"落实在本体上讲，究竟是本体义还是境界语？这些问题可谓牵一发而动全身，由此也引发阳明后学乃至明末清初诸多儒者的不断批评和反思。

1

侃去花间草，因曰："天地间何善难培，恶难去？"

先生曰："未培未去耳。"

少间，曰："此等看善恶，皆从躯壳[1]起念，便会错。"

侃未达，曰："天地生意，花草一般，何曾有善恶之分？子欲观花，则以花为善，以草为恶。如欲用草时，复以草为善矣。此等善恶，皆由汝心好恶所生，故知是错。"

曰："然则无善无恶乎？"

曰："无善无恶者理之静，有善有恶者气之动。不动于气，即无善无恶，是谓至善。"

曰："佛氏亦无善无恶，何以异？"

曰："佛氏着在无善无恶上，便一切都不管，不可以治天下。圣人无善无恶，只是无有作好，无有作恶，不动于气。然遵王之道，会其有极。便自一循天理，便有个裁成辅相[2]。"

曰："草既非恶，即草不宜去矣？"

曰："如此却是佛老意见。草若有碍，何妨汝去？"

曰："如此又是作好作恶？"

曰："不作好恶，非是全无好恶，却是无知觉的人。谓之不作者，

---

1 躯壳（qiào）：身体，形体。
2 裁成：成就；辅相：辅助。语出《易·泰卦·象辞》："天地交，泰。后以裁成天地之道，辅相天地之宜。"

只是好恶一循于理，不去又着一分意思。如此，即是不曾好恶一般。"

曰："去草如何是一循于理，不着意思？"

曰："草有妨碍，理亦宜去，去之而已。偶未即去，亦不累心。若着了一分意思，即心体便有贻累，便有许多动气处。"

曰："然则善恶全不在物？"

曰："只在汝心。循理便是善，动气便是恶。"

曰："毕竟物无善恶？"

曰："在心如此，在物亦然，世儒惟不知此，舍心逐物，将格物之学错看了。终日驰求于外，只做得个义袭而取。终身行不著,习不察。"

曰："'如好好色，如恶恶臭'，则如何？"

曰："此正是一循于理，是天理合如此，本无私意作好作恶。"

曰："'如好好色，如恶恶臭'，安得非意？"

曰："却是诚意，不是私意。诚意只是循天理。虽是循天理，亦着不得一分意。故有所忿懥好乐，则不得其正。须是廓然大公，方是心之本体。知此即知未发之中。"

伯生[1]曰："先生云：'草有妨碍，理亦宜去。'缘何又是躯壳起念？"

曰："此须汝心自体当。汝要去草，是甚么心？周茂叔窗前草不除，是甚么心？"（《集评》本第101条）

---

[1] 伯生：孟源，字伯生，滁州人（今安徽省滁州市）人。

译文

薛侃锄花间的杂草。

他问:"天地之间,为什么善难以培养而恶难以除去?"

阳明答:"只是因为未去培养、未去除去而已。"

不一会儿,阳明说:"这样看待善恶,是从躯壳上起念,便会出错。"

薛侃未明白。阳明答:"从天地生意来看,花和草都是一样的,何尝有善恶之分?你想观花,便以花为善,草为恶;如果用草时,又以草为善了。此种善恶之分,都是由你心中好恶而产生,便是错误的。"

侃问:"那么是无善无恶了?"

阳明答:"无善无恶,是理之静;有善有恶,是气之动。不为气动,则无善无恶,称为至善。"

侃问:"佛家也说无善无恶,与此有什么区别呢?"

阳明答:"佛家是执着在无善无恶上,便对一切不管不顾,不可以治理天下。圣人无善无恶,只是'无有作好''无有作恶',这是不为气动。然而'遵王之道''会其有极',便是依循天理,便是个'裁成辅相'。"

侃问:"既然草不是恶,那么草不应锄去吗?"

阳明答:"如此便是佛老的主意。草如果有碍,锄去又何妨?"

侃问:"如此不是又作好作恶了吗?"

阳明答:"不作好恶,不是全没有好恶之分,如没有知觉的人一样。我所说不作者,只是说好恶要遵循天理,不去着一分意思,如此便是不曾好恶一样。"

问："锄草如何是遵循天理，不着意思？"

阳明答："草如果有妨碍，理当锄去，那就锄去。偶尔没有锄去，也无须烦心。若是着了一分意，就会贻累心体，便是有许多动气的地方。"

问："如此则善恶全不在物上？"

阳明答："善恶只是在你心上，遵循天理便是善，动气便是恶。"

问："毕竟物本身没有善恶？"

阳明答："在心是如此，在物也是如此。世儒正是因为不知道此，所以舍心逐物，错误地看待'格物'之学，终日在心外奔忙，只是做个'义袭而取'，终身是'虽行事而不能明白其所当然''虽学习而不能认识其所以然'。"

问："'如好好色，如恶恶臭'，这句话怎么理解？"

阳明答："此正是遵循天理，是天理本该如此，本来没有私意去好去恶。"

问："'如好好色，如恶恶臭'，怎么说是没有意呢？"

阳明答："此是诚意，不是私意。诚意就是要遵循天理，虽是遵循天理，却不着一分意思。所以'有所忿懥好乐，则不得其正'，须是廓然大公，才是心之本体。知此，便知未发之中。"

伯生问："老师您说'草如果有妨碍，理当锄去'，为何又说这是从躯壳而起的念头？"

阳明答："此须你自己去体会。你要锄草，是出于什么心？周敦颐不去锄窗前草，又是出于什么心？"

点评

本条即著名的"去花间草"章。阳明与弟子薛侃就善恶究竟在心还是在物这一重要理论问题展开了长篇对话。话题从世界上"善"为何比较少见而"恶"往往层出不穷的问题谈起,接着以"去花间草"这一日常行为为例,探讨的根本问题是善恶究竟何在,是在行为者的心里,还是在行为者的对象身上?

阳明首先批评从"躯壳起意"去区分善恶好坏,因为从天地生意的角度来看,花和草都是一样的,为什么要锄去花间之草?阳明认为这是从心中好恶出发来区分善恶,是不可取的。于是,薛侃顺此思路继续问道:"那是无善无恶了?"从而逼出了阳明的一个重要观点,即"无善无恶者理之静,有善有恶者气之动。不动于气,即无善无恶,是谓至善"。

表面看,这句话是从"理气"角度来探讨善恶问题。其实,就"不动于气"这句表述来看,显然,这是指向人心,是指心体不为气之所动。若能做到这一点,那么,心体就达到了"无善无恶"的境界。可见,此处所谓的"无善无恶"并不是人性论问题领域中的命题,而是心之本体的问题,意谓从心之本体的角度来看,最为理想的本来应有之状态就是"无善无恶",也就是超越经验层面的人心善恶之状态,既然如此,那么无善无恶就等于说达到了"至善"的境地。以上便是阳明在"去花间草"章中所要表达的核心观点。

进而薛侃又问佛教亦有"无善无恶"说法,与此有何区别。阳明首先指出佛教"无善无恶"是对一切不管不顾,他引用《尚书》中的"无所作好""无有作恶""无偏无党""无反无侧"等意,表明自己所说的"无善无恶",就是实现了"遵循天理而不着意思",是有"裁成辅相"意思在的。也就是说,圣人心体"依着天理",必然是"无善无恶"的。我们如果能以圣人为榜样,完全按照"理"来运作自己平时的"好恶"意识,即"一循于理,不去又着一分意思"的话,那么,也就能同样达致"无善无恶"的理想境界。

于是,薛侃又接着问既然草不是恶,是否就不用锄草。阳明认为这种想法就是佛老的思想,即对一切不管不顾,不足以治理天下。在他看来,如果草有妨碍,就可锄去。于是,薛侃又反问道,这不是又自作好恶吗?对此,阳明的回答是,所谓"无有作好""无有作恶",不是全然没有好恶之分,就像没有知觉的人一样。他强调自己所说"不作者",就是"只是好恶一循于理,不去又着一分意思",如此,就像没有好恶一般。

继而,薛侃又问道,锄草如何就是一循天理而不着意思?阳明的回答是,草有妨碍,就锄去;即便没及时锄去,心中也不应该有所牵绊。这是因为,如果"着意",便是心体有所贻累,有所动气。

于是,薛侃接着问道:那善恶就全不在物上?阳明的回答是,善恶只在心而不在物。因此,如果心体"一循天理"而动,不着一丝一毫的私意,就是符合"心之本体"的行为,就能实现"廓然大公""未发之中"。

上述对话充分展现了阳明心学的立场,即将善恶问题纳入人心的意识领域来审视,以防人们将善恶视作外物,而放松对自己心体意识的根本追问。值得注意的是，这里出现的"无善无恶"一词，与其晚年提出的"四句教"（见《集评》本第315条）可以合观。

2

先生曰："仙家说到虚，圣人岂能虚上加得一毫实？佛氏说到无，圣人岂能无上加得一毫有？但仙家说虚，从养生上来；佛氏说无，从出离生死苦海上来。却于本体上加却这些子意思在，便不是他虚无的本色了，便于本体有障碍。圣人只是还他良知的本色，更不着些子意在。良知之虚，便是天之太虚。良知之无，便是太虚之无形。日月风雷，山川民物，凡有貌象形色，皆在太虚无形中发用流行，未尝作得天的障碍。<u>圣人只是顺其良知之发用，天地万物，俱在我良知的发用流行中。</u>何尝又有一物超于良知之外，能作得障碍？"（《集评》本第269条）

译文

阳明说："仙家说个虚，圣人岂能在虚上再添加一丝一毫实？佛教说个无，圣人岂能在无上再添加一丝一毫有？但仙家说虚是从养生的角度说的，佛家说无是从出离生死苦海的角度说的，这是在良知本体上添加了养生和脱离的意思，便不是虚无的本色了，便在本体上有了障碍。圣人只是还他良知的本色，再不增加其他意思。良知的虚便是天的太虚，良知的无便是太虚的无形。日月风雷、山川民物，凡是有形貌声色的，都在太虚无形中发用流行，从来没有成为天的障碍。圣人只要顺着良知的发用，天地万物便都在良知的发用流行中，哪有一物超然于良知之外，能够作得障碍？"

点评

本条涉及良知本体的有无问题，特别是"无"的问题，阳明在此作出了重要的理论阐发。向来以为儒家立场偏于现实世界的"有"，即对现实社会的肯定，而佛道则偏于彼岸世界的"无"，即对超越尘世的肯定。因此，佛教的无与道家的虚，都是儒家所不能认同的。现在阳明却正面提出"良知之虚"和"良知之无"的概念，这无疑是重新理解儒学的一项理论挑战。

阳明指出圣人就是还良知之本色，不着些私意私欲，这就是本体之虚无本色，不增加些意思。因此说，良知的虚就是天的太虚，良知的无就是太虚的无形。就像世界上一切现象存在都内含在天之太虚之中，如"日月风雷、山川民物"等。"凡有貌象形色"无不在"太虚无形中发用流行"，与此同时，又不会成为"天的障碍"。圣人只是顺应良知的发用流行。在此过程中，天地万物所有一切也无不在"我良知的发用流行中"，没有一物能够超离于良知之外，能够成为良知的障碍。

3

问:"古人论性,各有异同。何者乃为定论?"

先生曰:"性无定体,论亦无定体。有自本体上说者,有自发用上说者,有自源头上说者,有自流弊处说者。总而言之,只是这个性,但所见有浅深尔。若执定一边,便不是了。性之本体,原是无善无恶的。发用上也原是可以为善,可以为不善的。其流弊也原是一定善一定恶的。譬如眼,有喜时的眼,有怒时的眼,直视就是看的眼,微视就是觑[1]的眼。总而言之,只是这个眼。若见得怒时眼,就说未尝有喜的眼,见得看时眼,就说未尝有觑的眼,皆是执定,就知是错。孟子说性,直从源头上说来,亦是说个大概如此。荀子性恶之说,是从流弊上说来,也未可尽说他不是,只是见得未精耳。众人则失了心之本体。"

问:"孟子从源泉头上说性,要人用功在源头上明彻。荀子从流弊说性,功夫只在末流上救正,便费力了。"

先生曰:"然。"(《集评》本第308条)

译文

问:"古人讨论性,各有不同,哪个是定论?"

阳明答:"性没有定体,议论也没有一定的。有从本体上说的,有从发用上说的,有从源头处说的,有从流弊之处说的。总之,只是

---

1 觑(qù):偷看,窥探。

一个性，但所见有深浅不同罢了。若是执定一边，便不对了。性的本体，原是无善无恶的，发用上也原是可以为善、可以为不善的。其流弊处也原是有一定善、一定恶的。比如这眼睛，有喜悦时的眼，有愤怒时的眼，当它直视时就是看的眼，微视时就是眯着的眼。总之，只是一个眼。如果只看见愤怒时的眼，就说没有喜悦时的眼，只看见直视时的眼，便说没有眯着时的眼，便都是执定，就是错。孟子说性，是从源头处说，也是说个大概如此。荀子性恶之说，是从流弊上说，也未可尽说他不是，只是见识不精而已。众人则是失掉了心的本体。"

问："孟子从源头处说性，要人在源头处用功使之明澈；荀子从流弊上说性，功夫只能在末流上救正，便费很多力气。"

阳明答："是的。"

点评

人性论是中国古代哲学的重要组成部分，主要有性善说、性恶说、性朴说、性三品说等理论形态。在这里，阳明首先指出："性无定体，论亦无定体。"其意是说，论性可以从不同的角度来讲，没有固定不变的所谓"定体"。大致上有两对讲法：一对是从本体和发用上讲；一对是从本原和流弊上讲。在阳明看来，孟子论性善是从"源头上"讲的，荀子论性恶是从"流弊上"讲的，角度不同，所论便有异，但不可执定一个角度而不顾其他的角度，即"执定一边，便不是了"。于是，阳明强调从"性之本体"上讲，其结论是"原是无善无恶的"。

正是从"性之本体"的立场出发，阳明认为孟子从源头处讲性善,也只是讲了个大概而已,荀子从流弊处讲性恶,也不可便说他错了,只是所见未达精微之处。与孟子和荀子的两种讲法不同,如果从本体的角度立论,那么,由于"性无定体"而亦无"定论",所以结论必然是"原是无善无恶"的。"无善无恶"是对善恶现象的一种超越,故而可以说"无善而至善"。这一论证的思维方式如同"无极而太极"便是"无形而有理"一般,是对人性至善的本体论证而并非单纯的境界描述。

可以说,"性无定体,论亦无定体""性之本体,原是无善无恶的"这两个命题是阳明论性的核心观点,同时也是对先秦以来儒家人性论的创造性诠释,这与后面第315条出现的"四句教"之首句"无善无恶是心之体"有密切的理论关联,故应当合起来看。

4

丁亥[1]年九月,先生起复[2],征思田。将命行时,德洪与汝中论学。

汝中举先生教言曰:"无善无恶是心之体,有善有恶是意之动,知善知恶是良知,为善去恶是格物。"

德洪曰:"此意如何?"

---

1 丁亥:嘉靖六年(1527)。
2 起复:复出。阳明被任命为兼都察院左都御史,出征思田。

汝中曰："此恐未是究竟话头。若说心体是无善无恶，意亦是无善无恶的意，知亦是无善无恶的知，物亦是无善无恶的物矣。若说意有善恶，毕竟心体还有善恶在。"

德洪曰："心体是天命之性，原是无善无恶的。但人有习心，意念上见有善恶在。格致诚正修，此正是复那性体功夫。若原无善恶，功夫亦不消说矣。"

是夕侍坐天泉桥，各举请正。

先生曰："我今将行，正要你们来讲破此意。二君之见，正好相资为用，不可各执一边。我这里接人，原有此二种。利根[1]之人，直从本源上悟入人心。本体原是明莹无滞的，原是个未发之中。利根之人，一悟本体，即是功夫。人己内外，一齐俱透了。其次不免有习心在，本体受蔽。故且教在意念上实落为善去恶。功夫熟后，渣滓去得尽时，本体亦明尽了。汝中之见，是我这里接利根人的；德洪之见，是我这里为其次立法的。二君相取为用，则中人上下，皆可引入于道。若各执一边，眼前便有失人，便于道体各有未尽。"

既而曰："以后与朋友讲学，切不可失了我的宗旨。无善无恶是心之体，有善有恶是意之动，知善知恶的是良知，为善去恶是格物。只依我这话头，随人指点，自没病痛。此原是彻上彻下功夫。利根之人，世亦难遇。本体功夫，一悟尽透。此颜子、明道所不敢承当，岂可轻易望人？人有习心，不教他在良知上实用为善去恶功夫，只去悬空想

---

[1] 利根：聪明绝顶之人。

个本体,一切事为,俱不着实,不过养成一个虚寂。此个病痛,不是小小,不可不早说破。"

是日,德洪、汝中俱有省。(《集评》本第315条)

译文

丁亥年九月,阳明再次受朝廷任命,去思、田两地平定匪乱。将要领命出发时,钱德洪与王汝中在一起探讨学问。

汝中引阳明所说的教法:"无善无恶是心之体,有善有恶是意之动,知善知恶是良知,为善去恶是格物。"

德洪问:"你认为这话怎么样?"

汝中答:"这话恐怕不是究竟话头。如果说心体无善无恶,意也应是无善无恶的,知也是无善无恶的,物也是无善无恶的。如果说意有善恶,那么毕竟心体还是有善恶存在。"

德洪说:"心体乃是天命之性,原本是无善无恶;但人是有习心的,因此意念上才有善恶,正需要做格、致、诚、正、修的一套功夫,以便恢复那本体。如果说,一切都是无善无恶,那么就连功夫都不要了。"

这天傍晚,钱与王在天泉桥上陪伴阳明,将各自所见向阳明请教。

阳明说:"我即将远行,正要你们来讲破这层意思。你们俩的见解正好相互补充,不可偏执一端。我这里教人原来有两种教法。天分高的人,直接从本源上悟入,人心本体原是明澈无滞的,原是未发之中。天分高的人一悟本体便是功夫,人己内外一齐透彻。其次,不免有习心在的人,本体受到蒙蔽,所以教他在意念上实实在在为善去恶,等到功夫熟后,渣滓尽去之际,本体也就明澈了。汝中所说的,是我引导天资高的人的方法;德洪所说的,是我引导次一等的人的方法。你们俩的见解正好相资为用,则中等上下的人都可以引导入道,如果各执一边,眼下便会有所失,便在道体上有未尽处。"

继而说:"以后与朋友们讨论讲学,千万不可失了我的立言宗旨。无善无恶是心之本体,有善有恶是意之动,知善知恶是良知,为善去恶是格物。只要依着我这口诀去指点,自然没有病痛,这原是彻上彻下的功夫。天资高的人,世间难遇,本体功夫一悟尽透,就连颜渊、程明道都是不敢当的,岂可以轻易示人?一般人都是有习心的,如果不教他在良知上实实在在做为善去恶的功夫,只是悬空去揣摩个本体,一切事情俱不落实,不过是养成一个虚寂而已。这可不是小毛病,不可不早说破。"

这天,钱德洪、王汝中都有所收获。

点评

本条即阳明心学史上著名的"天泉证道"事件,发生在嘉靖六年九月,即阳明去世前一年。主要围绕阳明的"四句教",阳明与其两大弟子王畿和钱德洪展开了富有理论深度的探讨。

关于"天泉证道"的文本主要有三种,除了本条之外,另有《阳明年谱》"嘉靖六年九月"条以及王畿的《天泉证道纪》(《王畿集》卷一),文字颇有出入,读者若要进一步深入了解此次事件的详细情况,有必要参考其他两种文本记录,这里主要就本条的记述内容进行分析。

事件起因是王畿与钱德洪对阳明晚年"四句教"的不同理解。阳明四句教的内容是"无善无恶是心之体，有善有恶是意之动，知善知恶是良知，为善去恶是格物"，正是围绕这"四句教"，王畿与钱德洪之间产生了一场争辩。对此，我们可作以下几点分析：

第一，"天泉证道"这一事件实际上是由王畿引发的，钱德洪只是一个陪衬的角色。王畿首先指出阳明"每与门人论学"的"四句教法"只是一种"权法"，并非"究竟话头"，故"未可执定"。他根据心意知物"只是一事"这一阳明学的一贯立场，提出了"四无说"的新见解。如果说心体是无善无恶的，那么只要悟得心体无善无恶，就有理由推出"意亦是无善无恶的意，知亦是无善无恶的知，物亦是无善无恶的物"，此即著名的"四无说"。

钱德洪则认为四句教是阳明晚年的"教人定本"，一字不可更易。他认为"心体"虽可说"无善无恶"，但由于人心受各种"习心"困扰，故有必要在诚意、正心、格物、致知等层面上着实用功，以复其"性体"。如果说心意知物都是"无善无恶"的，就等于说所有的工夫都可一笔抹消。

可见，钱德洪所见基本上是重复阳明之意，而王畿的"四无说"才是这场"天泉证道"的主要问题。阳明对此争论的最终判定以及王畿有关四无说的阐发，正是"天泉证道"的思想意义之所在。

第二，阳明的判定主要有两层思想。一是阳明指出自己教法原有两种：一种是"从本源上悟入"，一种是"在意念上实落为善去恶"。两种教法的对象各有不同，前者适用于"利根之人"，后者适用于"中根以下人"(《天泉证道纪》)。二是阳明认为这两种教法应互相补充、相资为用,不可"各执一边"。表面上看,阳明表明了"折中"的态度,实际上,既然称王畿之说适用于"利根之人",则王畿之说显然在德洪之上。阳明承认"从本源上"与"在意念上"这两种入手方法是缺一不可的,但后者是"为其次立法的",故处于次要地位。其中的"次"字非次序之意,而是高下之意。不是说先"从本源上悟入"然后再"在意念上实落为善去恶",而是说"从本源上悟入"是取法乎上的一种工夫,要高于"在意念上"着手的工夫,因为"一悟本体,即是功夫。人己内外,一齐俱透了"。

第三,阳明坚持认为四句教是自己的最终"宗旨",是"彻上彻下语"(《阳明年谱》),意谓四句教法是适用于所有人群的普遍教法,因而具有普世性意义。只要按四句教法去做,自然没有任何"病痛"。应当说,这是阳明对"四句教"问题的一个明确态度,是其最后定见,更无置疑的余地。所以,阳明最后对王畿提出了批评:"利根之人,世亦难遇。"本体功夫"一悟尽透",就连颜渊和程颢这样聪明绝顶之人也不敢自诩,故不可轻易示人,否则有坠落"空想"、养成"虚寂"之可能。可见,阳明对王畿一味追求"从本源上悟入"观点的批评是十分严厉的。

第四,阳明对钱德洪执定"一无三有"的观点亦有批评,但是这条资料却不见诸《传习录》,而出现在《阳明年谱》"嘉靖六年九月"条,现摘录如下:"德洪请问。先生曰:'有只是你自有,良知上原来无有,本体只是太虚。太虚之中,日月星辰,风雨露雷,阴霾饐气,何物不有?而又何物得为太虚之障?人心本体亦复如是。太虚无形,一过而化,亦何费纤毫气力？德洪功夫须要如此，便是合得本体功夫。"由此可见，阳明根据良知"无起无不起""无知无不知""无觉无不觉"等观点立场，对于良知本体"原来无有"这层道理有重要阐发，不可忽视。阳明强调良知本体与人心本体都是一样的，从本来意义上说，它是"原来无有"的，而正是由于"原来无有"，因此一切现象之有可以无所不包、无所不容。重要的是，致良知不能在良知本体上有丝毫"意必固我"的意识执着，才能实现"一过而化"的化境，达到有无的有机统一，也就是本体工夫的真正合一。

5

先生起行征思田，德洪与汝中追送严滩。

汝中举佛家实相幻相[1]之说。

先生曰："有心俱是实，无心俱是幻；无心俱是实，有心俱是幻。"

汝中曰："有心俱是实，无心俱是幻，是本体上说功夫。无心俱是实，有心俱是幻，是功夫上说本体。"

先生然其言。

洪于是时尚未了达，数年用功，始信本体功夫合一。但先生是时因问偶谈，若吾儒指点人处，不必借此立言耳。（《集评》本第337条）

---

1 实相幻相：《法华经》有"诸法实相"说，《金刚经》有"一切有为法，如梦幻泡影"的"幻相"说。

译文

阳明受命去征讨思、田，钱德洪与王汝中追赶着送到严滩。

王汝中举佛家"实相""幻相"等学说向阳明请教。

阳明说："有心就是实，无心就是幻；无心就是实，有心就是幻。"

汝中说："有心就是实，无心就是幻，是从本体上来说功夫；无心就是实，有心就是幻，是从功夫上来说本体。"

阳明认为他的话有道理。

（钱德洪追记）德洪当时没有领会阳明与王汝中的上述对话的旨意，后来经过数年用功，才开始相信本体功夫是合一的。不过，这只是阳明因王汝中所问，偶然谈及，如果我等学者教导世人，没有必要这样说。

点评

本条即著名的"严滩问答"。根据《阳明年谱》记载，嘉靖六年九月，阳明起征思、田，与王畿和钱德洪就"四句教"进行了讨论之后，王、钱送阳明至富阳境内的"严滩"，临别之际，又有"严滩问答"的故事发生。

与"天泉证道"主要讨论"四句教"不同，"严滩问答"讨论了"实相幻相"的问题，形式上也有四句，故有"严滩四句"之称。针对阳明所说的"有心俱是实，无心俱是幻；无心俱是实，有心俱是幻"，王畿从本体工夫的角度进行了解读："有心俱是实，无心俱是幻，是本体上说功夫。无心俱是实，有心俱是幻，是功夫上说本体。"那么，他们究竟在探讨什么问题呢？其实，问题的核心不在于"实相幻相"，而在于"本体工夫"以及"有无"问题。

王畿的记录或可帮助我们深入了解这次对话的含义："夫子赴两广，予与君送至严滩。夫子复申前说，二人正好互相为用，弗失吾宗。因举'有心是实相，无心是幻相；有心是幻相，无心是实相'为问，君拟议未及答，予曰：'前所举是即本体证功夫，后所举是用功夫合本体。有无之间，不可以致诘。'夫子莞尔笑曰：'可哉！此是究极之说，汝辈既已见得，正好更相切劘，默默保任，弗轻漏泄也。'二人唯唯而别。"（《王畿集》卷二十《绪山钱君行状》）这段记录透露了三点信息：一是"严滩问答"是延续"天泉证道"而来，故有"复申前说"的说法；二是多了一句"有无之间，不可以致诘"，说明"实相幻相"的说法只是借用过来，讨论的却是本体工夫的有无问题；三是阳明十分欣赏王畿之说，表示这是"究极之说"。这三点在《传习录》钱德洪所记录的本条都没有显示出来。至于钱德洪数年之后，通过工夫积累也终于明白"严滩问答"讨论的原来是本体工夫问题，而且始信本体工夫原本是合一的这层道理，则表明钱德洪的思想有前后变化，此且不论（参见吴震著《阳明后学研究》第二章"钱绪山论"）。

现在再回过来看"严滩问答"。所谓实相幻相，其实是阳明借佛教话头讨论有心无心之关系，即有无问题。前二句是正说，有就是有（实），无就是无（幻）；后一句是反说，无即是有（实），有即是无（幻）。阳明之意在于主张心体良知原是有无相即、虚实一体之存在。王畿称前二句"是本体上说功夫"，后二句"是功夫上说本体"，可谓深得阳明之意。可以看出，在阳明的工夫论构想中，有两种入路途径："即本体"与"即功夫"，一是"即本体"来做功夫，一是"即功夫"以求复本体。两种入路的途径虽异，然至当归一，亦即本体工夫合一。若结合"四句教"来看，"严滩问答"无不与"天泉证道"相应。

首先，阳明从正面论"有心"，肯定作为道德意识之"有"是落实为善去恶之工夫所必要的，故称"有心俱是实"；相反，如果以道德意识为虚妄，认为一切善恶分别均无意义，是谓"无心俱是幻"。后两句则从反面论"有心"，认为对任何善恶意识的执着都是有害的，这个"有心"是指工夫上的"着意"；相反，如果能做到破除执着，便可达到"无心"境界，这个"无心"是指"不着意思"。

可见，"严滩问答"亦是在重申"天泉证道"的核心主题，亦即如何破除有无对立，以实现有无合一之境界。要之，不论是"天泉证道"还是"严滩问答"，其论本体工夫，必指向有无合一问题，反过来说，其论有无，则必指向本体工夫问题。

十九 精金喻圣

题解

"圣人可学而至"是宋明时期儒者们一致认可的判断，阳明固然也认为圣人可学而至，指出"圣人之所以为圣，只是其心纯乎天理，而无人欲之杂"，犹如真金之为真金就在其成色；同时，阳明又根据尧舜、孔子、伯夷、伊尹等之不同，提出"圣人之才力"有小大不同，正如金之有不同分量。这便是阳明"精金喻圣"思想。

1

希渊问："圣人可学而至，然伯夷[1]、伊尹[2]于孔子，才力终不同，其同谓之圣者安在？"

先生曰："圣人之所以为圣，只是其心纯乎天理，而无人欲之杂。犹精金之所以为精，但以其成色足而无铜铅之杂也。人到纯乎天理方

---

1 伯夷：商末孤竹国君主之长子，与其弟叔齐齐名，商亡，不食周黍，饿死在首阳山。
2 伊尹：商朝贤相，助汤伐桀。

是圣，金到足色方是精。然圣人之才力，亦有大小不同，犹金之分两有轻重。尧舜犹万镒[1]，文王、孔子犹九千镒，禹、汤、武王犹七八千镒，伯夷、伊尹犹四五千镒。才力不同，而纯乎天理则同，皆可谓之圣人。犹分两虽不同，而足色则同，皆可谓之精金。以五千镒者而入于万镒之中，其足色同也。以夷、尹而厕[2]之尧、孔之间，其纯乎天理同也。<u>盖所以为精金者，在足色，而不在分两。所以为圣者，在纯乎天理，而不在才力也。</u>故虽凡人，而肯为学，使此心纯乎天理，则亦可为圣人。犹一两之金，比之万镒，分两虽悬绝，而其到足色处，可以无愧。故曰'人皆可以为尧舜'者以此。学者学圣人，不过是去人欲而存天理耳。犹炼金而求其足色。金之成色，所争不多，则锻炼之工省，而功易成。成色愈下，则锻炼愈难。人之气质，清浊粹驳，有中人以上，中人以下。其于道，有生知安行，学知利行。其下者，必须人一己百，人十己千，及其成功则一。后世不知作圣之本是纯乎天理，却专去知识才能上求圣人。以为圣人无所不知，无所不能，我须是将圣人许多知识才能，逐一理会始得。故不务去天理上着功夫，徒弊精竭力，从册子上钻研，名物上考索，形迹上比拟。知识愈广而人欲愈滋，才力愈多而天理愈蔽。正如见人有万镒精金，不务锻炼成色，求无愧于彼之精纯，而乃妄希分两，务同彼之万镒。锡铅铜铁，杂然而投，分两愈增，而成色愈下。既其梢末，无复有金矣。"

---

1 镒（yì）：古时重量单位，合二十两，一说二十四两。
2 厕（cè）：排列。

时曰仁在傍曰:"先生此喻,足以破世儒支离之惑,大有功于后学。"

先生又曰:"吾辈用功,只求日减,不求日增。减得一分人欲,便是复得一分天理。何等轻快脱洒?何等简易?"《集评》本第99条

译文

希渊问:"圣人是可学而至的,然而伯夷、伊尹与孔子相比终究是才力不同,却同称作圣人,为什么呢?"

阳明说:"圣人之所以为圣人,只在于其心纯乎天理而无人欲之杂。譬如精金之所以为精金,只因其成色足而没有铜铅之杂。人到纯是天理便是圣人,金到足色方是精金。然而圣人之才力也有大小不同,正如金的分量有轻重。尧、舜譬如万镒,文王、孔子犹如九千镒,禹、汤、武王犹如七八千镒,伯夷、伊尹犹如四五千镒。才力不同,但其心纯是天理则同,都可称为圣人。正如虽其分量不同,但足色则同,都可称为精金。以五千镒与万镒相比,其足色是相同的,以伯夷、伊尹与尧、孔子相比,其心纯是天理是相同的。所以为足金者,在于足色,不在于分两;所以为圣人者,在于纯是天理,而不在于才力。因此凡人如果肯为学,只要使此心纯是天理,则可为圣人。譬如一两足金与万镒相比,虽然分量悬殊,但都是足色,可以无须愧疚,所以说'人都可以成为尧舜'。学者学习圣人,也不过是去人欲、存天理而已。就好比炼金就是追求足色,不去争金的成色,那么锻炼的工夫就少,成色愈下,则锻炼愈难。人的气质有清浊粹驳,有中人以上、中人以下之分;对于求道而言,则有生知安行、学知利行之分。那才质低下者,必须

人用一分力，我要用百分力；人家用十分力，我须用千分力。但是到最后，其成就则是一样的。后世不知做圣的本领工夫在心纯是天理，却从知识才能上求做圣，认为圣人无所不知、无所不能，自己须将圣人这许多知识才能一一理会掌握才行。所以不在天理上做工夫，白白地劳费精神，在书本上钻研，在名物上考索，在行为上模仿。知识愈广大而人欲也更多，才力愈多而天理反更受昏蔽。正好比见人有万镒之精金，不去尽力锻炼自己金子的成色，以求无愧于别人的精纯，反而在分两上妄求与别人的万镒一样，于是将锡铅铜铁等混杂进去，结果是分量愈重而成色愈低。到最后，就不再有金这种成分了。"

当时徐爱在一旁说道："老师的这个比喻法，足以破除世儒支离的毛病，嘉惠后学。"

阳明又说："我们做工夫，只求每日做减法，而不是每日做加法。只要减去一分人欲，便是回复一分天理。如此做工夫，是何等轻快洒脱，何等简易？"

点评

本条即著名的"精金喻圣"，其核心观点是，学者学圣人的关键在于，通过去人欲存天理的工夫，使得自己的心体达到"纯乎天理"的境界，而不在于从知识才能上去学做圣人。阳明打了一个比方：如金子之所以为金子，关键在于是否"足色"，而不在于分量多少。但是，阳明的比喻却留下了一个莫大的疑问，他把尧舜比作"一万镒"，却把文王和孔子比作"九千镒"，武王则只有"七八千镒"，这就引起了弟子们的质疑。因为很显然，在当时人的心目中，孔子乃是十全十美的"至圣先师"，怎么可能少了分量？因此弟子童克刚就提出了疑问："《传习录》中以精金喻圣，极为明切。惟谓孔子分两不同万镒之疑，虽曾有躯壳起念之说，终是不能释然。"（底本引朱得之《稽山承语》，又见《集评》"传习录拾遗"第37条）对此，阳明有更详尽的解说，仍然坚持上述的立场。

阳明之所以说"然圣人之才力，亦有大小不同"，并且用一串数字进行排比，是因为这"才力"两字另有深意。在阳明看来，圣人之所以为圣人，无疑是因为圣人之心"纯乎天理"，然而从尧舜到孔子，这些圣人对于整个社会国家所产生的作用及影响却是有差异的，这就表现为"才力之不同"。同样是圣人，孔子只是"素王"，因此他的社会事功无法跟尧舜相比。关于这一点，阳明虽然没有明说，但显然在其比喻中已经蕴含了这层意思。当然，也有人从不同的角度出发得出了不同的结论，例如朱子就认为，若从历史文化的角度看，孔子在文化上立言垂训，其功在千秋万代，故说："若吾夫子则虽不得其位，而所以继往圣、开来学，其功反有贤于尧舜者。"（《中庸章句序》）然而，阳明更推重尧舜能做到"平章百姓，协和万邦"的事功，因此，他认为尧舜毕竟贤于孔子，"中国圣人，以尧舜为最"（《谏迎佛疏》）。

不过讲到最后，"精金喻圣"的旨趣还是回到了原点，即再三强调此心纯乎天理的重要性。正是基于这一立场，阳明针对现实社会中所存在的"不知作圣之本是纯乎天理，却专去知识才能上求圣人"的现象进行了猛烈的批判。他采用了一系列排比句，尖锐地指出，后世学者往往"从册子上钻研,名物上考索,形迹上比拟。知识愈广而人欲愈滋,才力愈多而天理愈蔽"。对于忘却本心涵养而竭力外求知识的这股社会风气,深感痛惜。可见,"精金喻圣"的思想意义就在于通过批判程朱理学以凸显心学的立场。

2

德章[1]曰:"闻先生以精金喻圣,以分两喻圣人之分量,以锻炼喻学者之工夫,最为深切。惟谓尧舜为万镒,孔子为九千镒。疑未安。"

先生曰:"此又是躯壳上起念,故替圣人争分两。若不从躯壳上起念,即尧舜万镒不为多,孔子九千镒不为少。尧舜万镒,只是孔子的。孔子九千镒,只是尧舜的。原无彼我,所以谓之圣,只论精一,不论多寡。只要此心纯乎天理处同,便同谓之圣。若是力量气魄,如何尽同得?后儒只在分两上较量,所以流入功利。若除去了比较分两的心,各人尽着自己力量精神,只在此心纯天理上用功,即人人自有,个个圆成[2],便能大以成大,小以成小,不假外慕,无不具足。此便是实实落落,明善诚身的事。后儒不明圣学,不知就自己心地良知良能上体

---

1 德章:疑即袁庆麟(约1455—1519),字德章,晚号云峰,江西雩都(于都)人。
2 人人自有,个个圆成:禅宗语,又作"人人具足,个个圆成",禅书中多见,如圆悟克勤(1063—1135)《圆悟语录》卷十一、《碧岩录》第62册、楚石梵琦(1296—1370)《梵琦禅师语录》卷七,等等。相关考证,详参《集评》本条注。

认扩充，却去求知其所不知，求能其所不能。一味只是希高慕大，不知自己是桀纣心地，动辄要做尧舜事业，如何做得？终年碌碌，至于老死。竟不知成就了个甚么，可哀也已。"《集评》本第107条）

译文

德章问："老师您用精金来比喻圣人之为圣人的根本，用分量来比喻圣人的不同才能，用锻炼来比喻学者的工夫，这些都非常深刻贴切。只是说尧舜为一万镒，孔子为九千镒，可能不太妥当。"

阳明说："你只从表面来思考问题，才替圣人争分量。如果不从表面上来思考，那么尧舜的一万镒也不为多，孔子的九千镒也不为少。因为尧舜的一万镒也是孔子的，孔子的九千镒也是尧舜的。原本不分彼此，所以同称为'圣'。只求精一纯粹，不求分量多少。只要此心同是纯然天理，便同称为'圣'。个人的才能力量，哪里会完全一样？后世的儒者只在分量上区分，所以沦入功利之见。如果除去了比较分量的心，个人尽着自己的精神力气，只就此心纯是天理上用工夫，那么每个人都会成功，才能大者成就其大，才能小者成就其小，不必羡慕他人，无不充实自信。这就是实实在在做'明善诚身'的工夫。后世儒者不明白圣人之学，不懂得在自己心地良知良能上去体悟、充实自己，反而去寻求自己无须知道的知识，追求自己无须具备的才能，一味地好高骛远，不知道自己本来是桀纣的心，动辄要去做尧舜的事业，这怎么可能做到！其结果就是终年忙忙碌碌，乃至老死，竟然不知自己做成了个什么！真是可悲呀！"

点评

本条又论"精金喻圣"。所提的问题与上一条"点评"中所引童克刚的提问相同，仍然纠缠于孔子为何只有"九千镒"的问题。这次阳明坦率指出"若是力量气魄，如何尽同得"的观点，意为圣人的力量也是不尽相同的。然而与此同时，阳明再次强调"所以谓之圣，只论精一，不论多寡"的观点，意为从本质上讲，同为圣人的唯一条件是，"此心纯乎天理处同"。

接着，阳明利用一些禅语强调人人"只在此心纯天理上用功"，这是因为每个人心体良知是"人人自有，个个圆成""不假外慕，无不具足"的，即"自己心地良知良能"，意为作为本体存在的良知良能是每个人生而具有、不假外求、圆满具足的。

这里需指出两点。第一，阳明虽然采用一些禅宗的语言，但是经过阳明的心学再诠释，"人人自有""个个圆成""无不具足"等说法，已然化为阳明良知学的重要概念，而并不意味着阳明良知学是受禅宗影响的结果；第二，向来以为阳明致良知的提出是在49岁时，然而我们从本条以及上面第8条阳明所言"良知"，可以印证阳明晚年的回忆是确切的，即在龙场时，他已悟出了"良知"两字，只是点此两字不出。当然，将良知理论化并正式揭示"致良知"三字，则需等到1520年。

二十 人胸中各有个圣人

题解

儒家一方面从现实的角度来看，认为圣人、贤人、愚不肖、庶民之间有严格的区别，精英立场鲜明；另一方面，从可能性角度承认人人可以为尧舜。阳明从"良知人人皆有"的角度对后者做了进一步发挥，提出"人胸中各有个圣人"的观点。

1

先生曰："圣人亦是学知，众人亦是生知。"

问曰："何如？"

曰："这良知人人皆有，圣人只是保全无些障蔽，兢兢业业，亹亹[1]翼翼[2]，自然不息。便也是学，只是生的分数多，所以谓之生知安行。众人自孩提之童，莫不完具此知，只是障蔽多。然本体之知，自难泯

---

1 亹亹（wěi）：连续前进而不倦怠。
2 翼翼：勤勉的样子。

息,虽问学克治,也只凭他。只是学的分数多,所以谓之学知利行。"

(《集评》本第221条)

译文

阳明说:"在圣人也可说'学知',在众人也可说'生知'。"

九川问:"这是为什么呢?"

阳明答:"良知是人人都有的,圣人只是全无遮蔽,兢兢业业,自然生生不息,但也是学知,只是他生知的成分多些,所以称为'生知安行'。众人自孩童之时,莫不有此良知,只是遮蔽得多,然而本体的知,却没有泯灭,虽有学问克治的工夫,但也得凭借它才行,只是学知的成分多,所以称为'学知利行'。"

点评

按儒家的传统说法,圣人是"生而知之",众人是"学而知之",而阳明特意倒过来说,其理由在于"良知人人皆有",在这一点上,圣人与凡人是一样的。"孩提之童"亦无不如此,人人"完具此知"。当然,阳明如此说并不意味着所谓的众人,或者说凡人,甚至孩提之童,人人都已经是现实意义上的"圣人",这是因为在现实中,人们往往有各种各样的"障蔽",尽管"本体之知,自难泯息"。

2

在虔，与于中、谦之[1]同侍。

先生曰："人胸中各有个圣人，只自信不及，都自埋倒了。"

因顾于中曰："尔胸中原是圣人。"

于中起，不敢当。

先生曰："此是尔自家有的，如何要推？"

于中又曰："不敢。"

先生曰："众人皆有之，况在于中？却何故谦起来？谦亦不得。"

于中乃笑受。

又论："良知在人。随你如何，不能泯灭，虽盗贼亦自知不当为盗。唤他做贼，他还忸怩。"

于中曰："只是物欲遮蔽，良心在内，自不会失。如云自蔽日，日何尝失了！"

先生曰："于中如此聪明，他人见不及此。"（《集评》本第207条）

译文

在虔州时，九川和于中、谦之一同陪伴在阳明身边。

阳明说："人人心中都有个圣人。只因不能自信，都淹没了。"

因看于中说："你心中原是个圣人。"

1　谦之：即邹守益（1491—1562）。

于中起身,说不敢当。

阳明说:"此是你自己本有的,为什么要推脱?"

于中又说:"不敢当。"

阳明说:"众人都有的,何况在你?为什么却谦虚起来?谦虚是不应该的。"

于中才笑着接受。

又说:"良知就在每个人身上,随你怎样,都不会泯灭,哪怕是盗贼也自知不应当做盗贼,喊他是贼,他也会感到不自在。"

于中说:"只是被物欲遮蔽了。良心内在于心,自然不会丢失,譬如乌云遮盖了太阳,但太阳何曾丧失?"

阳明说:"于中真是聪明,他人不能比啊。"

点评

如上所述,阳明晚年极为强调良知"是尔自家底准则",指出意念一旦启动,良知便立即知道其"是"或"非",更不能欺瞒它。循良知去做,便自然稳当快乐,这就是格物"诀窍"、致知"真功"。本条则强调了良知"是尔自家有的",由此提出"人胸中各有个圣人"观点。

3

先生锻炼人处,一言之下,感人最深。

一日,王汝止出游归。

先生问曰:"游何见?"

对曰:"见满街人都是圣人。"

先生曰:"你看满街人是圣人。满街人到[1]看你是圣人在。"

又一日,董萝石[2]出游而归。见先生曰:"今日见一异事。"

先生曰:"何异?"

对曰:"见满街人都是圣人。"

先生曰:"此亦常事耳。何足为异?"

盖汝止圭角[3]未融,萝石恍见有悟,故问同答异,皆反其言而进之。

洪与黄正之、张叔谦[4]、汝中,丙戌[5]会试归,为先生道途中讲学,有信有不信。

先生曰:"你们拿一个圣人去与人讲学。人见圣人来,都怕走了,如何讲得行?须做得个愚夫愚妇,方可与人讲学。"

洪又言:"今日要见人品高下最易。"

---

1 到:他本作"倒"。
2 董萝石:董沄(1457—1533),字复宗,号萝石,晚号从吾道人,今浙江省海盐县人。
3 圭角:棱角,锋芒。
4 张叔谦:张元冲,字叔谦,号浮峰,浙江山阴(今绍兴市)人,嘉靖十六年(1537)进士。
5 丙戌:嘉靖五年(1526)。

先生曰："何以见之？"

对曰："先生譬如泰山在前，有不知仰者，须是无目人。"

先生曰："泰山不如平地大，平地有何可见？"

先生一言翦[1]裁，剖破终年为外好高之病。在座者莫不悚惧。（《集评》本第313条）

译文

阳明点拨人的地方，往往一句话就感人至深。

有一天，王汝止出游归来。

阳明问："在外游历见到了什么？"

王汝止答："见满街都是圣人。"

阳明说："你看满街都是圣人，满街人倒看你是圣人。"

又有一天，董萝石出游归来。见到阳明说："今天见到了一件怪事。"

阳明问："什么怪事？"

答："见满街都是圣人。"

阳明说："这也是常事，有什么好奇怪的？"

大概是因为王汝止棱角还在，董萝石则恍有所悟，所以尽管他们的说法一样，阳明的回答却不一样，都是反其言而去引导启发。

钱德洪与黄正之、张叔谦、王汝中，丙戌那年参加会试归来，在归途中讲论阳明的学问，听讲者有信有不信的。

---

1 翦：同"剪"。

阳明说:"你们拿一个圣人去给别人讲学,人见到圣人都怕了,怎么能讲下去!必须做个愚夫愚妇,方可与人讲学。"

德洪又说:"现在要判断人品的高下也最容易。"

阳明问:"怎么评判?"

答:"老师您就像泰山在前,有不知敬仰的,就一定是没有眼睛的人。"

阳明说:"泰山不如平地广大,平地有什么可见的?"

先生一句话就点破了我们多年好高骛远的毛病,当时在座者无不警醒。

点评

本条讲了两个故事,按记录者的口吻,都是表示阳明善于点化人,属于教法上因材施教的案例。然而"满街都是圣人"这一典故在晚明引发轰动效应的缘故却不在此,而在于"满街都是圣人"这一命题何以成立、如何理解。

从文字表面看,似乎"满街都是圣人"并不是出自阳明之口,故不能算作阳明的思想命题。的确,从阳明对王艮的批评看,他似乎并不认同这一命题,但是我们不能因此而忽视后面一段阳明与董沄的对话。根据这段对话,显而易见,阳明内心其实是赞同这一命题的。于是,问题就在于如何理解这一命题?

如果我们孤立地看这句话,将它从阳明学的思想系统中抽离出来,那么,毫无疑问这句话会显得荒唐离奇:满街上的普通人如何可能个个都是圣人？我们有必要将此置入阳明心学的理论框架内来重新审视，何以王艮和董沄会分别说出同样的话？

关键在于"满街都是圣人"的"圣人"一词。在阳明的良知学说中，"圣人"已经被化作一种符号，象征着"良知"。如同我们上面第207条所看到的那样，"人胸中各有个圣人""尔胸中原是圣人"。由此可以说，"满街都是圣人"是从人人皆有良知的角度立论的，满街人都是圣人就好比说满街人都拥有本然的良知，这对阳明心学而言，岂不是理所当然之事吗？可见，"满街都是圣人"对阳明而言，是由良知本体论推出的必然命题。

但是这句话为什么会引发剧烈的轰动以及强烈的批评呢？例如阳明弟子聂豹就严厉批评王艮此说是"诬圣"，莫此为甚，晚明东林党人批评心学末流更是以此为标靶，以为狂悖至此，骇人耳目。什么原因呢？因为他们并不是从良知本体论的角度，而是直接地从字面上来理解这句话的，这就意味着所有人不用做儒家的任何一套工夫实践，就已是现成的圣人了。这种怪事在世界上任何一个地方都是无法想象的。不用说，这类批评对阳明心学而言，是风马牛不相及的。因为阳明难道会相信一个人不必做任何工夫实践，而在现实世界中已然是现成圣人吗？显然不会。若从致良知工夫论的角度看，阳明再三强调的观点是"随时就事上致吾心之良知于事事物物"，或是在一念发动处，将不善的念头"克倒了"，而且"须要彻根彻底"，删除得干干净净，"不使那一念不善潜伏在胸中"（第226条），需要何等的毅力和勇气才能真正做到这一点！

归结而言,"满街都是圣人"不是工夫论命题,而是本体论命题,是说每个人都拥有先天的良知,而不是说每个人都已是现实的圣人。尽管理论预设、理想目标与现实之间总是存在难以消解的张力,轻率地将两者直接等同起来是十分危险的,但是我们却不能由此而屈就于现实状态,不思进取,忘却了理想追求,甚至质疑良知的普遍性,这就更不应该。

二十一 颜子没而圣学亡

题解

"道统论"是宋明理学史上的关键问题之一,是指儒家圣人之道的统绪问题,按照今天的说法,儒家道统就是指儒学精神或儒家价值的传承系统。首先提出"道统"说的是唐代韩愈,随之被宋明理学家们接受。而且理学、心学家们的道统说略有不同,按照程朱理学家的说法,孔子、曾子、子思、孟子是道统中的传承人物,而阳明却提出"颜子没而圣学亡"的观点,将颜回放在道统的关键之处,此即阳明"心学道统论"。此说亦引起诸弟子的诸多质疑,他们纷纷向阳明请教。

1

问:"'颜子没而圣学亡'。此语不能无疑。"

先生曰:"见圣道之全者惟颜子,观喟然一叹可见。其谓'夫子循循然善诱人。博我以文,约我以礼',是见破后如此说。博文约礼,如何是善诱人?学者须思之。道之全体,圣人亦难以语人,须是学者自修自悟。颜子'虽欲从之,末由也已',即文王望道未见意。望道未见,

乃是真见。颜子没,而圣学之正派,遂不尽传矣。"(《集评》本第77条)

译文

问:"'颜子没而圣人之学亡',这句话恐怕不正确吧?"

阳明答:"见圣人之全者唯有颜子,从其'喟然一叹'可以看出。他说'夫子循循善诱人,博我以文,约我以礼',是见破后才如此说的。博文约礼怎么就是善诱人?学者当思考。道的全体,圣人也很难用言语来说与人听,须是学者自修自悟。颜子虽想追随,但没有找到正确道路,便是文王所谓'望道未见'的意思。望道未见,乃是真见。所以说颜子没而圣人之学的正统不能传承下去。"

点评

阳明"颜子没而圣学亡"之说在其门人当中引起了纷纷议论,可谓一石激起千层浪。阳明此说显然与程朱理学所建构的"道统"观不相契,不妨称之为"心学道统论"。倘若"颜子没而圣学亡"的判断为真,那么,曾子至孟子的道统传授又如何可能?进言之,周敦颐和二程又何以能复续孟子而非颜子以来的失传之道统?阳明此说不可避免地会受到质疑。

阳明大弟子邹守益就指出,对阳明此说,"学者往往疑之"(《邹守益集》卷六《正学书院记》)。王畿指出阳明此说乃是"险语",留下了一个大疑问:"毕竟曾子、孟子所传是何学?"(《王畿集》卷一《抚州拟岘台会语》)那么,阳明提出这一"心学道统论"的真实内涵及其理论意图究竟何在呢？

　　质言之，之所以说"颜子没而圣学亡"，是因为：第一，颜子是真正的"见道"者——他已然洞见圣人之道，故而是孔子的真正传道者；第二，《易传》记录孔子对颜回的极高评价——"颜氏之子，其殆庶几乎！有不善未尝不知，知之未尝复行也。"根据阳明的解读，"未尝不知"及"知之未尝复行"的两个"知"都是指"良知"，而没有其他的可能；第三，更为重要的理由是"孔子无不知而作，颜子有不善未尝不知。此是圣学真血脉路"。(《集评》本第259条)意谓颜子之"知"乃是继承孔子而来的"圣学真血脉路"。

　　至此，我们就不难理解阳明重建"心学道统论"的缘由所在。针对多方质疑，阳明在晚年还特意撰述《博约说》，对颜子之学做了专门的讨论，全文的结语是："盖颜子至是而始有真实之见矣。"(《全集》卷七)此"真实之见"即上文的"望道未见，乃是真见"之意。

二十二 学贵心得

题解

阳明所处的时代是程朱理学作为官学的时代，朱子对儒家经典的解释，特别是其对《四书》的解释更是官方科举考试的标准答案。在此思想学术背景下，阳明能走出朱子哲学的思想预设，提出一系列极富挑战性的思想观点，主要得益于其"学贵心得"的为学自觉和理论自信。

1

来教[1]谓某《大学》古本之复，以人之为学，但当求之于内，而程朱格物之说，不免求之于外。遂去朱子之分章，而削其所补之传[2]。

非敢然也。学岂有内外乎？《大学》古本，乃孔门相传旧本耳。朱子疑其有所脱误而改正补缉之。在某则谓其本无脱误，悉从其旧而

1　此书作于正德十五年（1520），六月罗整庵有书来（《困知记》卷五附录），阳明答之。
2　补之传：朱子《大学章句》第5章"格物补传"。

已矣。失在于过信孔子则有之,非故去朱子之分章而削其传也。

<u>夫学贵得之心</u>。求之于心而非也,虽其言之出于孔子,不敢以为是也。而况其未及孔子者乎?求之于心而是也,虽其言之出于庸常,不敢以为非也。而况其出于孔子者乎!且旧本之传,数千载矣。今读其文词,既明白而可通。论其工夫,又易简而可入。亦何所按据而断其此段之必在于彼,彼段之必在于此,与此之如何而缺,彼之如何而误[1],而遂改正补缉之?无乃重于背朱,而轻于叛孔已乎?(《集评》本第173条)

译文

来信说我恢复《大学》古本,以为人之所学当求之于内,而程朱格物之说,不免求之于外,于是去除朱子的分章,把朱子补传去掉。

我不敢这么做。学问怎么可以分内外?古本《大学》乃是孔门相传的旧本。朱子怀疑它有脱字误字,须要改正补录,但在我看来旧本并没有脱字误字,应该依从旧本。如果说过失,过失在过于相信孔子,却不是故意删去朱子的分章和他所作的补传。

做学问贵在得之于心,反求于心,觉得不对的,虽出于孔子,不敢以为正确,更何况那不及孔子的?反求于心,觉得正确的,虽出于庸常之人,也不敢以为非,何况还是出于孔子?并且旧本流传已经数千年了,如今读其文辞,也觉得明白可通,论其工夫,也是简易可行的。又据什么而断定此段应在彼段之后、彼段应在此段之前呢?又据

---

1 误:《全书》本作"补",据他本改。

什么说此处缺失，彼处需要补出，而加以改正补辑？这岂不是把违背朱子的学说看得比背叛孔子的还严重吗？

点评

在本条中，阳明说出了一句在当时的时代思潮中惊世骇俗的言论，即"求之于心而非也，虽其言之出于孔子，不敢以为是也。而况其未及孔子者乎？求之于心而是也，虽其言之出于庸常，不敢以为非也。而况其出于孔子者乎！"从字面看，阳明并没有否定孔子的意思，但是在任何一种观点表述的背后，不免有另一层言外之意，需格外注意。

阳明在此处所欲表达的言外之意无非是，孔子尽管不会有错，但是世间却有不少人假借孔子之名义而忘却自己的内心，一切唯经典文本为是，这就有悖阳明一贯坚持的心学立场。也就是说，迷失了自己的心灵，而以外在的经典权威是从，这就叫作"心从法华转，非是转法华"（《集评》本第157条）。为了打破这种对威权主义的迷信心态，阳明不得已而说出了上述看似惊世骇俗的观点。

不过，阳明对于知识、经典权威的这种看法，却是由来有之（参见《全集》卷四《答甘泉》），也的确在晚明思想史上引发了巨大的反响。它对于启发人们从自己的本心出发，重新审视一切，破除对朱子学的绝对信赖，具有重要的启发意义。

所以，黄宗羲称阳明学在晚明产生了"震霆启寐，烈耀破迷"之作用，应当不是空穴来风，尽管我们不宜对此做过度的诠释。也就是说，如果据此认为阳明以上的观点是对儒学价值体系的根本质疑或颠覆，是从儒学知识的长期压抑中彻底解放"自我"，这就显然是诠释过度了。

图书在版编目（CIP）数据

王阳明的智慧／吴震，孙钦香著．－－长沙：岳麓书社，2023.1
ISBN 978-7-5538-1735-4

Ⅰ.①王… Ⅱ.①吴… ②孙… Ⅲ.①王守仁（1472-1528）—哲学思想—研究 Ⅳ.①B248.25

中国版本图书馆CIP数据核字(2022)第173263号

WANG YANGMING DE ZHIHUI
王阳明的智慧

作　　者	吴　震　孙钦香
出 品 方	中南出版传媒集团股份有限公司
	上海浦睿文化传播有限公司
	上海市巨鹿路417号705室（200020）
责任编辑	刘丽梅
装帧设计	张　苗

岳麓书社出版发行

地　　址	湖南省长沙市爱民路47号
直销电话	0731-88804152　0731-88885616
邮　　编	410006

2023年1月第1版第1次印刷

开　　本	880mm×1230mm　1/32
印　　张	10.25
字　　数	216千字
书　　号	978-7-5538-1735-4
定　　价	69.00元
承　　印	河北鹏润印刷有限公司

如有印装质量问题，请与印刷厂联系调换。联系电话：8621-60455819

浦睿文化
INSIGHT MEDIA

出 品 人：陈　垦
出版统筹：胡　萍
策 划 人：于　欣
监　　制：余　西
编　　辑：姚钰媛　朱可欣
装帧设计：张　苗
封面插画：王　烁

欢迎出版合作，请邮件联系：insight@prshanghai.com
新浪微博 @浦睿文化